日本文化キャラクター図鑑

決まり・ならわし

暮らしのルール！

本木洋子／文
いとうみき／絵

玉川大学出版部

決まり・ならわし

暮らしのルール！

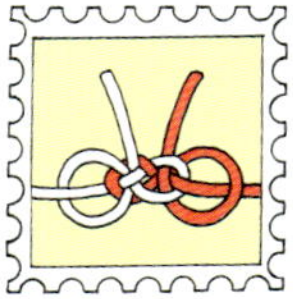

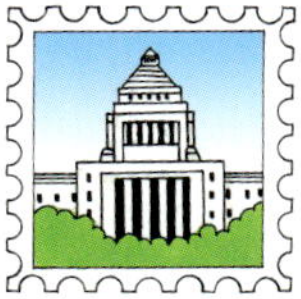

※各章《かくしょう》の扉《とびら》ページには、それぞれの章《しょう》に登場《とうじょう》するキャラクターから4つを選《えら》んで名前《なまえ》をあてる「シルエットクイズ」があります。「キャラクターランド」は、その答《こた》えページ。キャラクターたちがひとことずつコメントしています。

ようこそ「決《き》まり・ならわし」の世界《せかい》へ

暮《く》らしにまつわる、さまざまな「決《き》まり」。とくに公《おおやけ》の決《き》まりごとは、時代《じだい》の体制《たいせい》によって変《か》わるものです。いまから１５０年《ねん》ほど前《まえ》、武士《ぶし》が国《くに》をおさめる時代《じだい》が終《お》わり、士農工商《しのうこうしょう》の身分制度《みぶんせいど》がなくなりました。そして１８８９年《ねん》の「大日本帝国憲法《だいにっぽんていこくけんぽう》」で国《くに》の法律《ほうりつ》がようやく整《ととの》います。しかし、その実態《じったい》は、まだ選挙権《せんきょけん》はお金持《かねも》ちだけでしたし、「国民皆兵《こくみんかいへい》」で、戦争時《せんそうじ》に男性《だんせい》は兵隊《へいたい》に。出版《しゅっぱん》や言論表現《げんろんひょうげん》の自由《じゆう》はなく、軍人《ぐんじん》や役人《やくにん》がいばっていました。その仕組《しく》みがまた大《おお》きく変《か》わるのは、第二次《だいにじ》世界大戦《せかいたいせん》での敗戦《はいせん》（１９４５年《ねん》）です。翌年《よくねん》に「日本《にほん》国憲法《こくけんぽう》」が公布《こうふ》され、いまの日本《にほん》ではあたりまえになっていますが、選挙権《せんきょけん》も大人《おとな》ならば男女《だんじょ》を問《と》わず得《え》られるなど、民主主義《みんしゅしゅぎ》の国《くに》となりました。

そのような時代《じだい》の変化《へんか》の中《なか》でも、暮《く》らしや人《ひと》づきあいの習慣《しゅうかん》、地域《ちいき》の約束事《やくそくごと》などは、「ならわし」として、なかには江戸時代以前《えどじだいいぜん》から続《つづ》いているものもあります。長《なが》い時代《じだい》を経《へ》てきた庶民《しょみん》の生活《せいかつ》や、その時代《じだい》ならではの日本人《にほんじん》の姿《すがた》を、この本《ほん》のキャラクターたちが生《い》き生《い》きと見《み》せてくれますよ。

1章《しょう》

社会《しゃかい》のならわし

お正月《しょうがつ》に食《た》べるお餅《もち》は、東日本《ひがしにほん》は四角《しかく》で、西日本《にしにほん》は丸《まる》が多《おお》いようです。このように季節《きせつ》の節目《ふしめ》を迎《むか》えるときの決《き》まりごとやならわし、人《ひと》づきあいの習慣《しゅうかん》は、地域《ちいき》によってちがいます。クリスマスのように、外国生《がいこくう》まれの日本版《にほんばん》のようなものもあります。いまではすたれてしまったものもありますが、時代《じだい》をこえて生《い》き残《のこ》り、いま風《ふう》に変《か》わってきたりもしています。どこにそんな生命力《せいめいりょく》があるのでしょうか。世間《せけん》のならわしというのは面倒《めんどう》なようでも、彼《かれ》らはきっと、社会《しゃかい》のありかたや人《ひと》づきあいの上《うえ》で役《やく》に立《た》っているのでしょうね。

シルエットクイズ1 わたしはだれ？（答《こた》えは94、95ページ）

③

三三七拍《さんさんななびょう》子《し》といきましょう

①

梅雨《つゆ》が明《あ》ければ、この暑《あつ》さ

④

ガラガラ～！　大《おお》あたり～！

②

気《き》になるだろ、方角《ほうがく》が

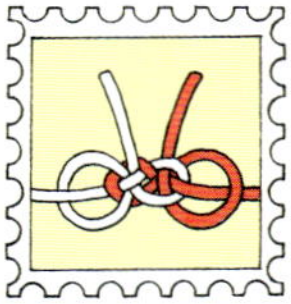

年《ねん》始《し》回《まわ》り

明《あ》けましておめでとうございます

わたくし、お正月《しょうがつ》の数日間《すうじつかん》だけ活動《かつどう》するのでございます。親類《しんるい》や知人《ちじん》、お世話《せわ》になっている方々《かたがた》に、新年《しんねん》のごあいさつにうかがうのでございますよ。「今年《ことし》もよろしくお願《ねが》いいたします」とね。

もちろん、元旦《がんたん》に訪問《ほうもん》するなんてことはいたしません。いくら「1年《ねん》の計《けい》は元旦《がんたん》にあり」と申《もう》しましても、年《とし》のはじめの日《ひ》にお宅《たく》を訪問《ほうもん》するのは、失礼《しつれい》でございましょ。図々《ずうずう》しく、のこのこ上《あ》がりこむのもいけません。できるだけ、玄関先《げんかんさき》でごあいさつをして失礼《しつれい》するのが、マナーというものでございますよ。なにか持参《じさん》するなら、お菓子《かし》を少《すこ》しとかタオル1本《ぽん》でも。あくまでも、ほんの気持《きも》ちでございますからね。高価《こうか》なものを持《も》っていかなくていいのです。

まぁ、わたくしがあっちに行《い》ったりこっちに行《い》ったりと大《おお》いそがしなのは、せいぜいお正月休《しょうがつやす》みのあいだ。いつもの暮《く》らしにもどれば、あとは次《つぎ》のお正《しょう》月《がつ》まで、ひまをもてあましているのでございます。

起源《きげん》は？

・宮中行事《きゅうちゅうぎょうじ》で、臣下《しんか》が中宮《ちゅうぐう》（皇后《こうごう》の御所《ごしょ》）に参内《さんだい》して祝《いわ》ったのが、武士《ぶし》のあいだに広《ひろ》まったといわれる。

お正月行事《しょうがつぎょうじ》って

・年末年始《ねんまつねんし》の行事《ぎょうじ》の中《なか》で、年賀状《ねんがじょう》や年越《としこ》しソバ、お年玉《としだま》などはすたれていないが、年始《ねんし》回《まわ》り、カルタ・双六《すごろく》・羽根《はね》つきなどの正月遊《しょうがつあそ》びなどは、年《とし》を追《お》うごとに少《すく》なくなっているという統計《とうけい》がある（一般社団法人中央調査社《いっぱんしゃだんほうじんちゅうおうちょうさしゃ》「年末年始《ねんまつねんし》に関《かん》する世論調査《よろんちょうさ》」）。

年始回り
ねんしまわ

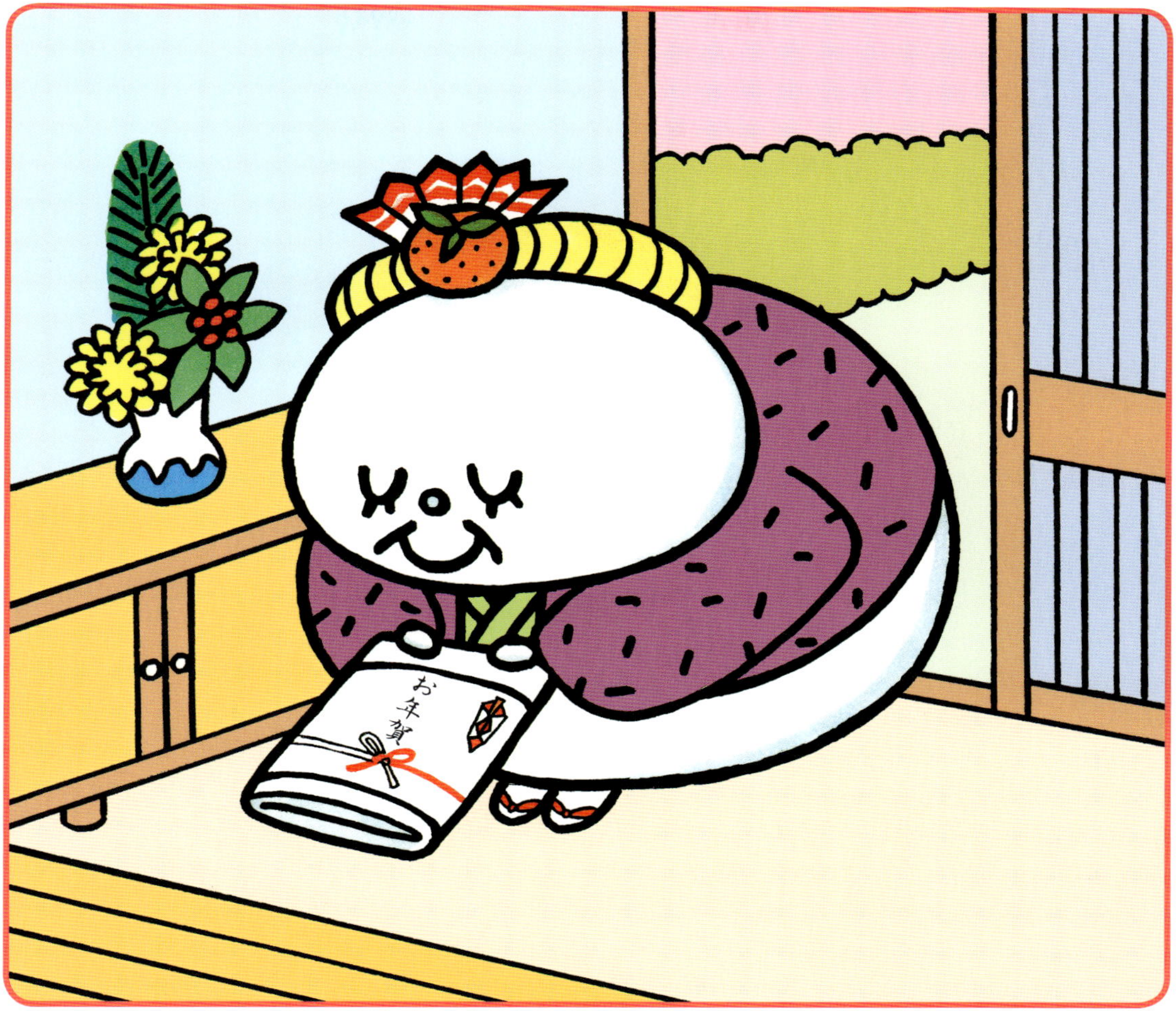

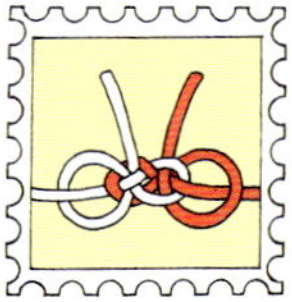

土用三郎《どようさぶろう》

猛暑《もうしょ》に出番《でばん》です！

ぼくたち土用一族《どよういちぞく》は、4つの季節《きせつ》それぞれの変《か》わり目《め》に登場《とうじょう》するんだ。とくに注目《ちゅうもく》されるのは、夏《なつ》。次《つぎ》の季節《きせつ》の「秋《あき》」が始《はじ》まる「立秋《りっしゅう》」の前日《ぜんじつ》までの18日間《にちかん》くらいを、「夏《なつ》の土用《どよう》」っていうんだ。7月半《がつなか》ばすぎ、じめじめと雨《あめ》の降《ふ》り続《つづ》いた梅雨《つゆ》が明《あ》けると、1年《ねん》でいちばん暑《あつ》い日《ひ》が続《つづ》くだろ。それが、土用《どよう》太郎《たろう》にいちゃんが登場《とうじょう》する「土用《どよう》の入《い》り」さ。

ぼく？　ぼくはね、弟《おとうと》の土用三郎《どようさぶろう》。土用《どよう》に入《はい》って3日目《かめ》の名前《なまえ》さ。人間《にんげん》たちはいうんだ。ぼくの機嫌《きげん》がいいと土用《どよう》のあいだ空《そら》が晴《は》れて、その年《とし》は豊作《ほうさく》に。逆《ぎゃく》にぼくの機嫌《きげん》が悪《わる》いと、その後《あと》の土用《どよう》も雨《あめ》が降《ふ》って凶作《きょうさく》になるって。1日《にち》中《じゅう》ニコニコ笑《わら》っていないといけないんだから責任重大《せきにんじゅうだい》だよね。

ぼくのつぎに、四郎《しろう》と五郎《ごろう》っていう弟《おとうと》が登場《とうじょう》するよ。「四郎《しろう》、五郎《ごろう》には田《た》の草取《くさと》りをするな。もし四郎《しろう》、五郎《ごろう》に田《た》に入《はい》ったら、稲《いね》の穂《ほ》で目《め》を突《つ》いてけがをする」っていうよ。だからその前《まえ》に草取《くさと》りを終《お》える。ぐんぐん伸《の》びた稲《いね》の穂《ほ》に、暑《あつ》い日射《ひざ》しを存分《ぞんぶん》に浴《あ》びさせてあげよう、ってわけだよね。

ぼくら一族《いちぞく》がいるうちに、着《き》るものを干《ほ》したり、梅漬《うめづ》けを干《ほ》して梅干《うめぼし》にする「土用干《どようぼ》し」もするよね。また会《あ》いにきてよかったって思《おも》うひとときさ。

丑《うし》の日《ひ》ウナギのいわれ

・江戸時代《えどじだい》、「夏《なつ》は、脂《あぶら》ののる秋冬《あきふゆ》の時期《じき》より店《みせ》が流行《はや》らない」と嘆《なげ》くウナギ屋《や》に、「本日《ほんじつ》、土用《どよう》丑《うし》の日《ひ》」と貼《は》り出《だ》すよう平賀源内《ひらがげんない》がアドバイスしたのが始《はじ》まりとも。もっとも、夏《なつ》やせにはウナギを、というのは、古《ふる》く万葉集《まんようしゅう》の大伴家持《おおとものやかもち》の歌《うた》にもある。

土用三郎
どようさぶろう

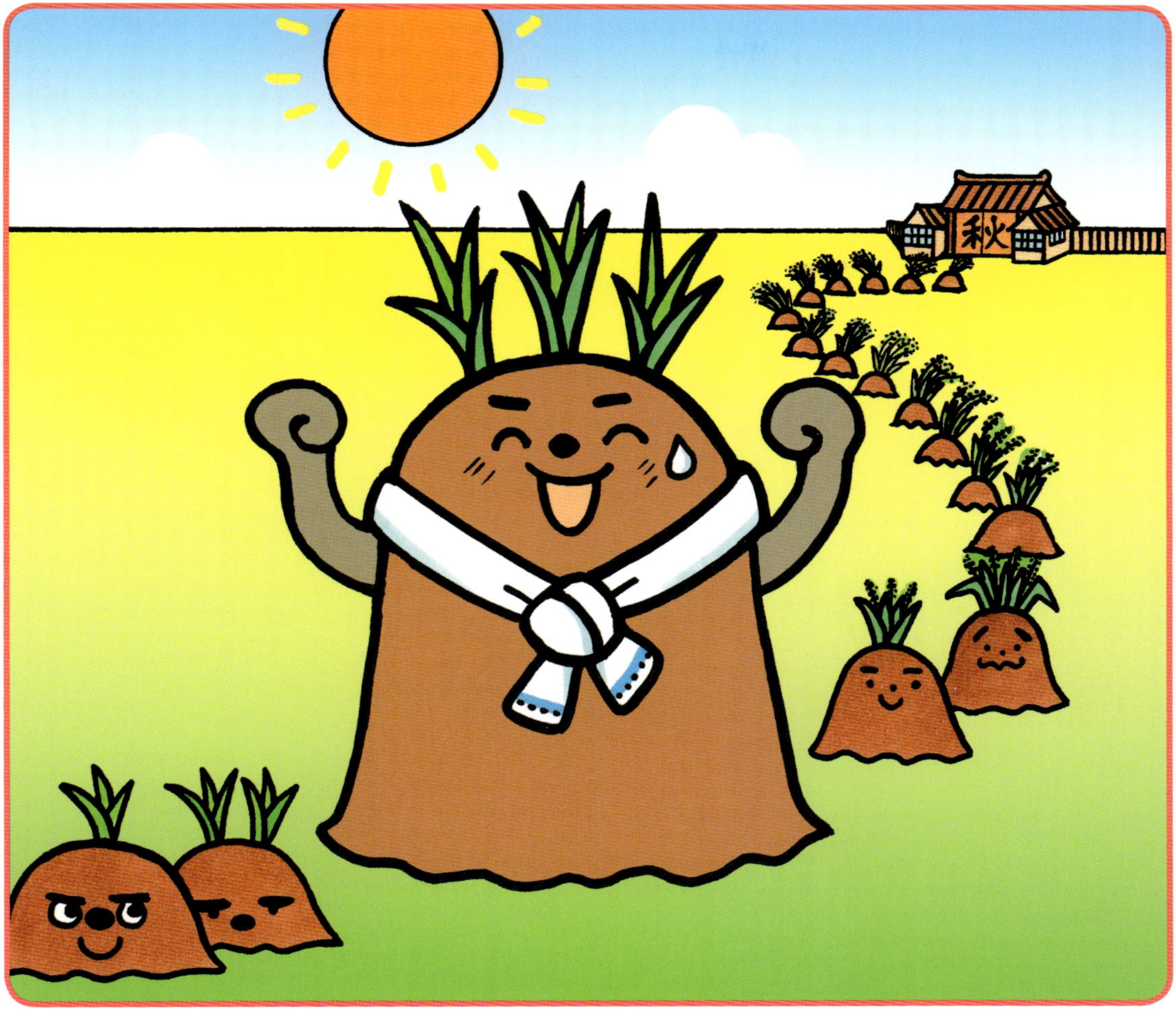

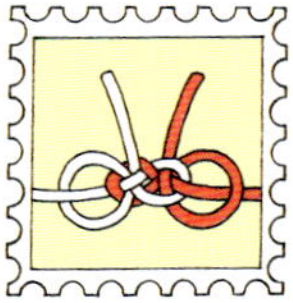

お歳暮《せいぼ》

送《おく》ってうれしい、もらってうれしい花一匁《はないちもんめ》

師走《しわす》(12月《がつ》)の声《こえ》を聞《き》くころになると、わたしは大《おお》いそがし。テレビのCM《コマーシャル》やデパートなどにひっぱりだこになっては、宅配便《たくはいびん》に乗《の》って全国《ぜんこく》を飛《と》びまわります。車《くるま》には、新巻鮭《あらまきざけ》やハムや日本酒《にほんしゅ》になったわたしの仲間《なかま》が積《つ》みこまれて、すし詰《づ》め状態《じょうたい》。日《ひ》ごろからお世話《せわ》になった人《ひと》への、1年《ねん》の感謝《かんしゃ》の気持《きも》ちが、わたしなんですよ。

仲間《なかま》には、お中元《ちゅうげん》さんもいましてね、この方《かた》は素麺《そうめん》やビールやゼリーになって届《とど》けられていく、夏《なつ》の人気者《にんきもの》です。

もともとはわたしたち、お正月《しょうがつ》やお盆《ぼん》の、ご先祖《せんぞ》さまへのお供《そな》えとか、大晦日《おおみそか》の年取《としと》り膳《ぜん》の食材《しょくざい》として働《はたら》いていましたから、食《た》べものが多《おお》いんです。しっかり食《た》べて力《ちから》をつけて、長生《ながい》きしてもらいたいじゃないですか。

気持《きも》ちがこもった贈《おく》りものですからね、わたしたちが届《とど》いたらどうぞ、電話《でんわ》でもハガキでもいいですから、「ありがとう」とひとこと、贈《おく》り主《ぬし》さんに伝《つた》えてくださいね。

♠年《ねん》に2度《ど》の季節《きせつ》のごあいさつ

・「元旦《がんたん》」や「中元《ちゅうげん》」の「元《げん》」には、「ある区切《くぎ》りの始《はじ》め」の意味《いみ》がある。古《ふる》くは満月《まんげつ》の日《ひ》ごとに1か月《げつ》が始《はじ》まる考《かんが》え方《かた》や、1年《ねん》を2つに分《わ》けて、正月《しょうがつ》と7月《がつ》とをその始《はじ》めにする考《かんが》え方《かた》があった。大晦日《おおみそか》には、塩鮭《しおざけ》やブリなど特別《とくべつ》な魚《さかな》を「年取《としと》り魚《ざかな》」として用意《ようい》する地域《ちいき》も多《おお》く、歳《とし》の暮《く》れの贈《おく》りものとして、魚《さかな》、米《こめ》、餅《もち》などがよく用《もち》いられ、お寺《てら》には檀家《だんか》(信徒《しんと》)が薪《まき》を持《も》っていくなどした。お中元《ちゅうげん》の贈答《ぞうとう》の習慣《しゅうかん》は、明治期以降《めいじきいこう》のもの。

お歳暮《せいぼ》

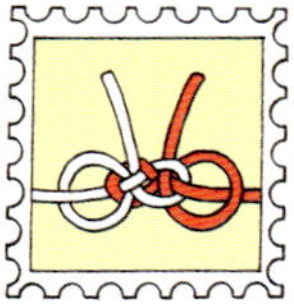

鬼門《きもん》

ダークヒーローなのだ

昔《むかし》から、家《いえ》を建《た》てるとき「鬼門《きもん》に便所《べんじょ》があると大病《たいびょう》する」「鬼門《きもん》に玄関《げんかん》があると家運《かうん》が衰退《すいたい》する」と、おれさまは、まるで疫病神《やくびょうがみ》みたいに嫌《きら》われてきた。人《ひと》の目《め》には見《み》えないが、その家《いえ》や土地《とち》の中心《ちゅうしん》から見《み》て「北東《ほくとう》」の方角《ほうがく》と、それと反対《はんたい》の「南西《なんせい》」の方角《ほうがく》（裏鬼門《うらきもん》）に、でんと居座《いすわ》って災《わざわ》いをもたらす、とな。

もともと古代中国《こだいちゅうごく》で、おれさまのいる2つの方角《ほうがく》は嫌《きら》われていた。北東《ほくとう》は強《つよ》い外敵《がいてき》の民族《みんぞく》が住《す》む方角《ほうがく》だろ。南西《なんせい》からは強風《きょうふう》が吹《ふ》くからな。そんなところに玄関《げんかん》や便所《べんじょ》をつくれば、風《かぜ》が吹《ふ》き込《こ》んで、家《いえ》じゅうがくさくなるだろうよ。陽当《ひあ》たりのいいところに台所《だいどころ》なんかがあれば、水《みず》も食料《しょくりょう》も腐《くさ》りやすいと、台所《だいどころ》もちがう方角《ほうがく》につくられたのだ。日本《にほん》に来《き》てみりゃ、おれさまのいる北《ほく》東《とう》〜南西《なんせい》ラインは、鬼《おに》が出没《しゅつぼつ》する「鬼《おに》の通《とお》り道《みち》」にもなっているといわれて、ますます嫌《きら》われたもんだ。

21世紀《せいき》になって土地《とち》や住宅《じゅうたく》の事情《じじょう》は変《か》わっても、庭先《にわさき》に南天《なんてん》やヒイラギが植《う》えられていたり、屋根《やね》に鬼瓦《おにがわら》がついていたりするだろ。いわせてもらえば、おれさまの存在《そんざい》があるからこそ、人間《にんげん》たちは自分《じぶん》たちの心身《しんしん》の衛生《えいせい》を保《たも》って暮《く》らす工夫《くふう》をこらしてきた、ともいえるんじゃないのか？

♠植木《うえき》で、鬼門除《きもんよ》け

・葉《は》にトゲのあるヒイラギや、「難《なん》を転《てん》じる」に通《つう》じる南天《なんてん》の木《き》が、縁起木《えんぎぼく》として好《この》まれた。南天《なんてん》の枝《えだ》は戦国時代《せんごくじだい》の勝利祈願《しょうりきがん》に、葉《は》は江戸後期《えどこうき》の祝《いわ》い事《ごと》で、お赤飯《せきはん》などが傷《いた》むのを防《ふせ》ぐ目的《もくてき》でも重箱《じゅうばこ》に入《い》れたりするようになった。

鬼門
き　もん

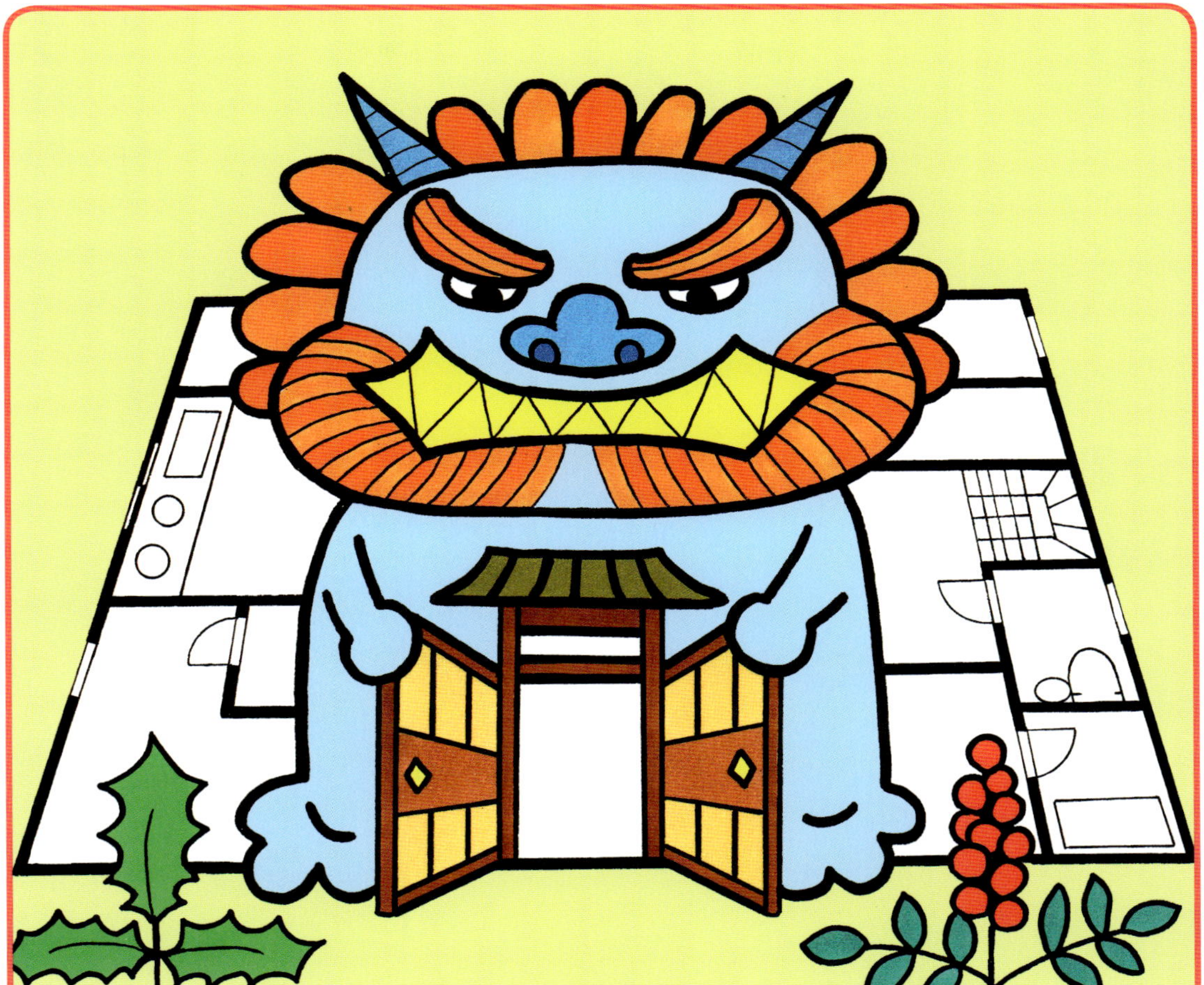

手締《てじ》め

清々《すがすが》しい気持《きも》ちで、心《こころ》を合《あ》わせましょう

「みなさま　お手《て》を拝借《はいしゃく》。いよおーっ！」

パパパン　パパパン　パパパン　パン

景気《けいき》のいい手拍子《てびょうし》でしょ。一本締《いっぽんじ》めっていわれているわたしなんです。3回《かい》やれば三本締《さんぼんじ》め。パーティや式典《しきてん》などお祝《いわ》いの席《せき》や、仕事《しごと》の取《と》り決《き》めのあと、物事《ものごと》が成《な》しとげられたときの締《し》めくくりに、わたしは登場《とうじょう》するんです。

ただ調子《ちょうし》がいいからとかじゃないんですよ。意味《いみ》があるんですねぇ、意味《いみ》が……。「いよおー」っていうのは「祝《いわ》おう」から、きているんですよ。

人数《にんずう》が多《おお》ければ多《おお》いほど、遠《とお》くまで響《ひび》きわたりますからね。パパパンと鳴《な》らす音《おと》で、空気《くうき》までふるえます。お祭《まつ》りのあとに、頭《あたま》にねじり鉢巻《はちまき》をして祭《まつ》り装束《しょうぞく》をまとった男《おとこ》たちが、そろってパパパン　パンとやるときは、わたしも気分《きぶん》は最高潮《さいこうちょう》！

ちなみに、「いよおーっ　パン」と、1回《かい》だけ打《う》つのは一丁締《いっちょうじ》めといいまして、正式《せいしき》な場《ば》では、やらないのがふつうです。

♠手打《てう》ち

・拍手《はくしゅ》をすることから、もとは「手打《てう》ち」と呼《よ》ばれたが、「手討《てう》ち」を連想《れんそう》するので、江《え》戸時代《どじだい》からは「手締《てじ》め」となったといわれる。民俗学《みんぞくがく》では、手《て》を打《う》つのは「神《かみ》を呼《よ》び悪《あく》霊《りょう》を退散《たいさん》させる」目的《もくてき》の行為《こうい》とされ、神前《しんぜん》で打《う》つのは「柏手《かしわで》」という。

♠大阪締《おおさかじ》め

・「打《う》～ちまひょ（パンパン）も一《ひと》つせ（パンパン）祝《いお》うて三度《さんど》（パパン　パン）」

手《て》締《じ》め

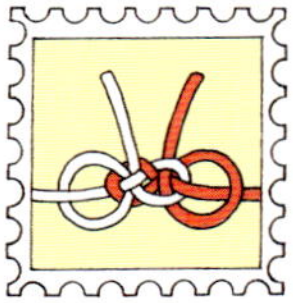

ソバ切手《きって》

ごあいさつは引越《ひっこ》しソバで

引越《ひっこ》しを経験《けいけん》したことはあるかの？　新《あたら》しい地《ち》での生活《せいかつ》を始《はじ》めるときには、ご近所《きんじょ》さんに、ちょっとした手《て》みやげを持《も》ってあいさつに行《い》くものじゃ。

江戸《えど》っ子《こ》がそのアイテムに選《えら》ぶのは、ソバじゃった。長屋《ながや》の場合《ばあい》、配《くば》る先《さき》は「向《む》う三軒両隣《さんげんりょうどなり》」の５軒《けん》に大家《おおや》さん。安《やす》く手軽《てがる》に用意《ようい》できて先方《せんぽう》にも喜《よろこ》ばれるうえに、「おそばに参《まい》りました。よろしくおつきあいください」という語呂合《ごろあ》わせもあるソバは、まさに、うってつけじゃろ。

乾麺《かんめん》がある時代《じだい》ではないからの、生《なま》のソバや、ゆでソバの代《か》わりに、わしを配《くば》ったというわけじゃ。申《もう》し遅《おく》れたが、わしの名《な》はソバ切手《きって》と申《もう》す。なに、そんな名前《なまえ》は聞《き》いたこともないとな？　さもあらん。手紙《てがみ》に貼《は》る切手《きって》ではなくて、いまでいう「商品券《しょうひんけん》」なのでな。もらった人《ひと》が自分《じぶん》の都合《つごう》のいいときに出前《でまえ》を頼《たの》める仕組《しく》みだったというわけじゃ。

時代《じだい》は変《か》われど、「引越《ひっこ》しソバ」の風習《ふうしゅう》は、細々《ほそぼそ》とじゃが生《い》きておる。ご近《きん》所《じょ》への最初《さいしょ》のあいさつとしてな。

♠切手《きって》が商品券《しょうひんけん》？

・江戸時代《えどじだい》のころ、「切手《きって》」は通行証《つうこうしょう》や預《あず》かり証明書《しょうめいしょ》などの意味《いみ》でも使《つか》われた。贈答用《ぞうとうよう》としては、豆腐切手《とうふきって》、饅頭切手《まんじゅうきって》、鰹節切手《かつおぶしきって》、鮨切手《すしきって》などが各地《かくち》で考案《こうあん》され、商品券《しょうひんけん》ともいわれるようになったのは明治《めいじ》20年代《ねんだい》。その後《ご》は百貨店《ひゃっかてん》や大《おお》きな呉服店《ごふくてん》でも商品券《しょうひんけん》を発行《はっこう》するようになり、大正期《たいしょうき》には、ますます利用範囲《りようはんい》が拡大《かくだい》した。

ソバ切手《きって》

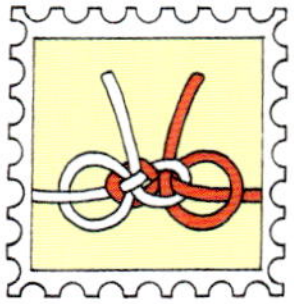

福引《ふくび》き

大売《おおう》り出《だ》しの看板《かんばん》なんです

ぼくは、客寄《きゃくよ》せの名人《めいじん》なんですよ。

商店街《しょうてんがい》やスーパーマーケットが、年《とし》の暮《く》れとかお正月《しょうがつ》に大売《おおう》り出《だ》しをやるでしょ。そこで活躍《かつやく》するんだ。

お店《みせ》は、買《か》い物《もの》した金額《きんがく》にあわせて抽選券《ちゅうせんけん》を配《くば》って、それが何枚《なんまい》かたまると、1回抽選《かいちゅうせん》できる。お客《きゃく》さんにたくさん買《か》い物《もの》をしてもらえば、ありがたいものねぇ。ほうら、お客《きゃく》さんがやってきたよ。

多角形《たかくけい》の木《き》の箱《はこ》にハンドルがついたぼくを、ガラガラと回《まわ》すんだ。ガラポンっていって、抽選器《ちゅうせんき》ではいちばん有名《ゆうめい》なんだよね。

ころっと出《で》てくる玉《たま》の多《おお》くは白《しろ》い玉《たま》で、ハズレや残念賞《ざんねんしょう》。ハワイ旅行《りょこう》とかの特賞《とくしょう》なんかがあたったら、係《かかり》の人《ひと》がカランカランって鐘《かね》を鳴《な》らして「おめでとうございます！」と、大声《おおごえ》でさけぶんだ。

すると、お客《きゃく》さんは恥《は》ずかしそうに、でもうれしそうに笑《わら》ってくれるから、ぼくは本望《ほんもう》だよ。

くじの由来《ゆらい》は奈良時代《ならじだい》

・730（天平《てんぴょう》2）年正月《ねんしょうがつ》、聖武天皇《しょうむてんのう》が役人《やくにん》たちを招《まね》いた際《さい》、余興《よきょう》として仁《じん》・義《ぎ》・礼《れい》・智《ち》・信《しん》の短冊《たんざく》を引《ひ》かせ、その文字《もじ》に応《おう》じて綿布《めんぷ》などを与《あた》えた縁起遊《えんぎあそ》び。江戸時代《えどじだい》には、街頭《がいとう》で縄《なわ》の先《さき》に品物《しなもの》を結《むす》びつけたものを引《ひ》かせる大道商人《だいどうしょうにん》などが現《あらわ》れた。

・商店《しょうてん》の売《う》り出《だ》しでの福引《ふくび》きが広《ひろ》がっていったのは、1907（明治《めいじ》40）年《ねん》ごろから。

ガラポンの正式名《せいしきめい》は「新井式回転抽選器《あらいしきかいてんちゅうせんき》」

・大正時代《たいしょうじだい》、帽子屋《ぼうしや》の新井《あらい》さんが、六角《ろっかく》や八角形《はっかくけい》の帽子《ぼうし》の空《あ》き箱《ばこ》をもとに考案《こうあん》したもの。

福《ふく》引《び》き

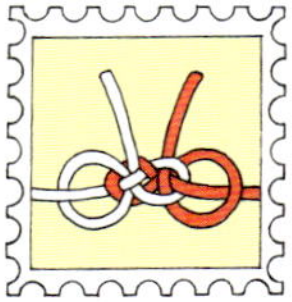

大安吉日《たいあんきちじつ》

なんといっても、おめでたい日《ひ》なのです

わたくし、姓《せい》は大安《たいあん》、名《な》は吉日《きちじつ》と申《もう》します。縁起《えんぎ》のいい日代表《ひだいひょう》でございます。結婚式《けっこんしき》の日取《ひど》りに、新築祝《しんちくいわ》いの日《ひ》、縁起《えんぎ》をかつぐといって宝《たから》くじを買《か》いにいくときにも、み〜んな断然《だんぜん》わたくしを選《えら》んでくれるんですよ。光栄《こうえい》ですわ〜。

結婚式《けっこんしき》で、お客《きゃく》さまがスピーチで使《つか》う決《き》まり文句《もんく》、知《し》っています？

「本日《ほんじつ》はお日柄《ひがら》もよく……」

という、あれ。「お日柄《ひがら》」っていうのは、その日《ひ》が縁起《えんぎ》のいい吉《きち》か、悪《わる》いことがおこる凶《きょう》かをさす言葉《ことば》で、わたくしはそれが、1日中《にちじゅう》いい日《ひ》なんです。

真逆《まぎゃく》なのは「仏滅《ぶつめつ》」さんで、1日中《にちじゅう》なにをやっても凶《きょう》になってしまう日《ひ》。ほかにも「友引《ともびき》」さんがいます。ほんとうは、正午《しょうご》のみが凶《きょう》という意味《いみ》だったんですが、なんせ「友《とも》を引《ひ》いてしまう」って連想《れんそう》がはたらきますからねぇ。その日《ひ》のお葬式《そうしき》は、避《さ》けられることが多《おお》いですわ。

人間《にんげん》たちはみんな、日《ひ》の吉凶《きっきょう》を気《き》にして暮《く》らしていますから、わたしたちはいつの世《よ》でも活躍《かつやく》してるんですよ、はい。

もとは、戦《たたか》いや争《あらそ》いごとの吉凶《きっきょう》の日《ひ》を占《うらな》うもの

・古代中国《こだいちゅうごく》では、「六曜《ろくよう》」という暦《こよみ》に関《かん》する書物《しょもつ》に記入《きにゅう》される事柄《ことがら》のひとつで、戦《たたか》いの吉凶《きっきょう》を占《うらな》う。友引《ともびき》は「ともに引《ひ》き分《わ》けて勝負《しょうぶ》なし」。先勝《せんしょう》（午前《ごぜん》がよく、午後《ごご》は悪《わる》い）、先負《せんぶ》（午前《ごぜん》は悪《わる》く、午後《ごご》がよい）、赤口《しゃっこう》（昼《ひる》だけ吉《きち》。朝《あさ》・夕《ゆう》は凶《きょう》）、仏滅《ぶつめつ》、大安《たいあん》の六種類《ろくしゅるい》。日本《にほん》では江戸時代《えどじだい》の中期《ちゅうき》ごろから、日常生活《にちじょうせいかつ》に影響《えいきょう》を与《あた》えながら広《ひろ》まった。

大安吉日
_{たいあんきちじつ}

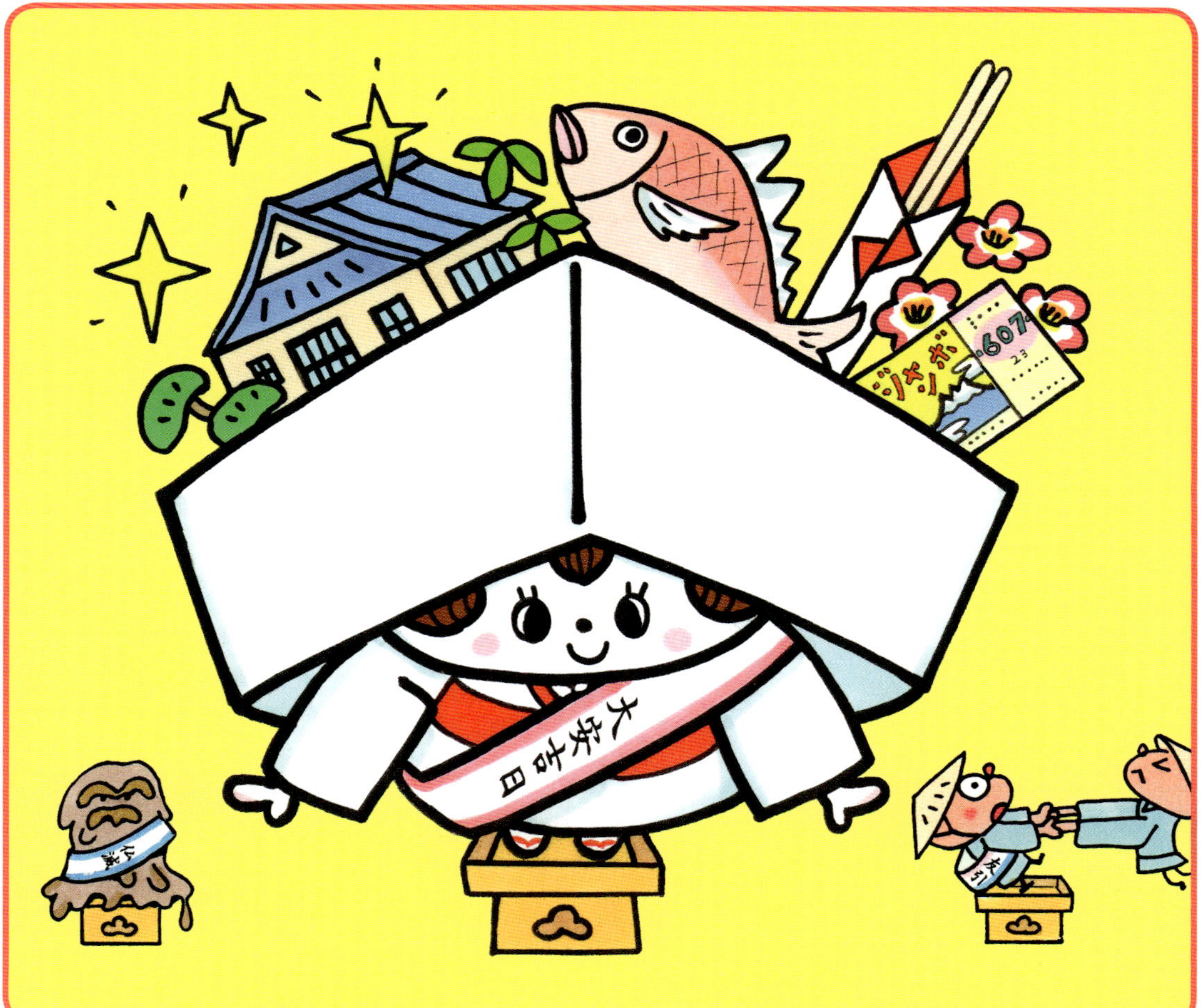

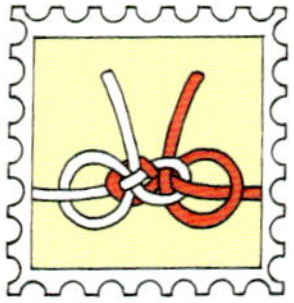

上棟式《じょうとうしき》

家《いえ》の完成《かんせい》も、もうあと少《すこ》しですよ

わたしたち、段《だん》ボール箱《ばこ》に入《はい》って、出番《でばん》を待《ま》っているところです。あと一時間《いちじかん》もしたら始《はじ》まるんですよ、お祝《いわ》いが。

なんの祝《いわ》いだって？　それは「棟上《むねあ》げ」っていいましてね。家《いえ》を建《た》てるには土台《どだい》をつくって柱《はしら》や梁《はり》を組《く》み立《た》てるでしょ。そして、屋根《やね》を支《ささ》える重要《じゅうよう》な棟木《むなぎ》を上《あ》げるときに、弓矢《ゆみや》などを飾《かざ》る儀式《ぎしき》なんです。矢《や》は、鬼門《きもん》に向《む》けて魔除《まよ》けにするの。四隅《よすみ》の柱《はしら》には米《こめ》や塩《しお》、お酒《さけ》をまいて、土地《とち》の神《かみ》さまに感謝《かんしゃ》のお祈《いの》りをするのよ。正式《せいしき》には神主《かんぬし》さんを招《まね》きますけど、大工《だいく》の棟梁《とうりょう》さんが務《つと》めることが多《おお》くなりましたね。

式《しき》が終《お》わりますと、家《いえ》の持《も》ち主《ぬし》は、職人《しょくにん》さんたちをねぎらって、酒盛《さかも》りをするんです。家《いえ》の完成《かんせい》もあと少《すこ》しですから、よろしくお願《ねが》いしますね、って。

そのころには、近所《きんじょ》の人《ひと》が集《あつ》まってきます。いよいよ出番《でばん》ですよ。わたしたちは紅白《こうはく》の丸餅《まるもち》にミカンやお金《かね》、お菓子《かし》なんです。盛大《せいだい》に投《な》げられるから、もうドキドキ……。みんなビニール袋《ぶくろ》を持《も》って大《おお》さわぎ。わたしたちをとりあいっこになりますが、新《あたら》しい家《いえ》ができるのをお祝《いわ》いしてくれているんです。いまは上棟式《じょうとうしき》をやる家《いえ》は少《すく》なくなりましたけどね。

歴史《れきし》の長《なが》い建築儀礼《けんちくぎれい》

・家《いえ》を建《た》てる工事《こうじ》の過程《かてい》において棟木《むなぎ》を上《あ》げる際《さい》に行《おこな》うもので、安全《あんぜん》を祈《いの》る儀式《ぎしき》。「棟上《むねあ》げ」「建前《たてまえ》」ともいう。家《いえ》を建《た》てる土地《とち》や工事《こうじ》、建物《たてもの》の安全《あんぜん》を祈《いの》る地鎮祭《じちんさい》とならぶ儀式《ぎしき》。ほかにも竣工祭《しゅんこうさい》や屋根《やね》葺《ふ》き祝《いわ》いなどがある。

上棟式
じょうとうしき

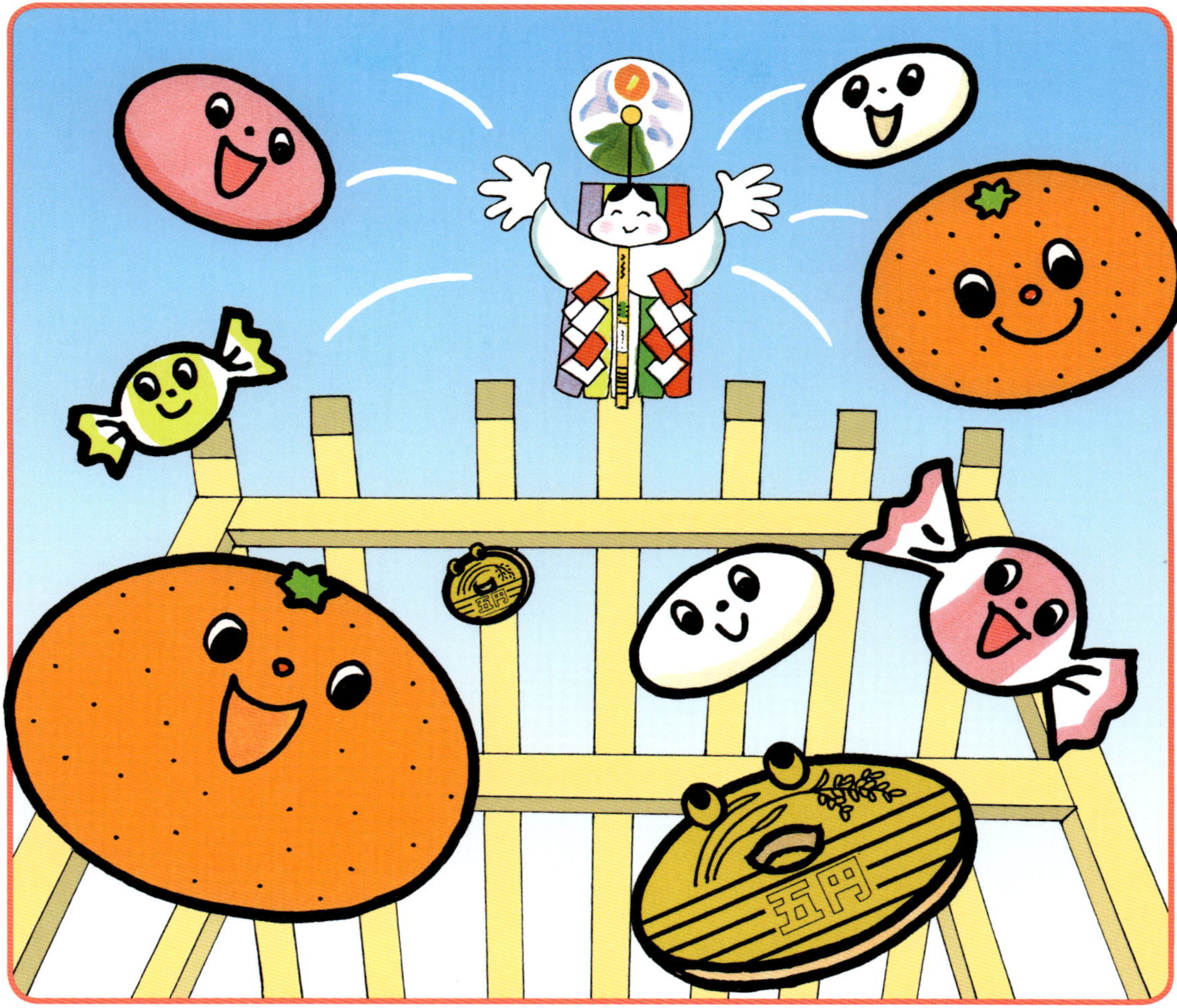

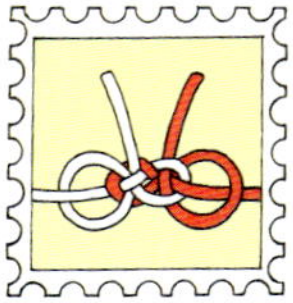

もやい

みんなの心《こころ》と力《ちから》が合《あ》わさって

ぼく、「もやい」っていいます。船《ふね》と船《ふね》をつなぎ合《あ》わせることも、「舫《もや》う」っていうよ。でも、ぼくの名前《なまえ》は、「催合《もやい》」のほう。だれかのお手伝《てつだ》いとちがって、みんなのためになる作業《さぎょう》を全員《ぜんいん》でするのが仕事《しごと》なんだ。海岸《かいがん》で地引網《じびきあみ》を引《ひ》いて、とった魚《さかな》は分《わ》け合《あ》うとか、みんなで山《やま》に木《き》を植《う》えたり、橋《はし》を修理《しゅうり》したりね。もやい井戸《いど》をつくっていっしょに使《つか》ったりもしたなぁ。

友《とも》だちの「結《ゆい》」さんは、よく田《た》んぼにいたよ。まっすぐ何列《なんれつ》も、手《て》で稲《いね》の苗《なえ》を植《う》えるには、たくさん人《ひと》がいるほうが、早《はや》く終《お》わるでしょ。自分《じぶん》の田植《たう》えを手伝《てつだ》ってもらったら、またそのお手伝《てつだ》いで返《かえ》すって習慣《しゅうかん》があったんだ。「結《ゆい》を貸《か》す」とか「結返《ゆいがえ》し」っていうんだ。

ぼくたちの活動《かつどう》はめっきり少《すく》なくなったけど、伊豆諸島《いずしょとう》の新島生《にいじまう》まれのモヤイ像《ぞう》を知《し》ってる？　人《ひと》と人《ひと》とのつながりが大切《たいせつ》だって、島《しま》の人《ひと》がつくったんだ。イースター島《とう》のモアイ像《ぞう》のまねじゃないんだよ。

対話《たいわ》し、協働《きょうどう》する取《と》り組《く》み「もやい直《なお》し」——熊本県水俣市《くまもとけんみなまたし》

・1994（平成《へいせい》6）年《ねん》の水俣病《みなまたびょう》（水銀汚染《すいぎんおせん》による公害病《こうがいびょう》）犠牲者慰霊式《ぎせいしゃいれいしき》でのことば。分断《ぶんだん》された人《ひと》と人《ひと》や自然《しぜん》と人《ひと》との関係《かんけい》を、水俣病《みなまたびょう》に正面《しょうめん》から向《む》き合《あ》うことで回復《かいふく》させようという試《こころ》み。

新島《にいじま》からの贈《おく》り物《もの》「モヤイ像《ぞう》」

・伊豆諸島《いずしょとう》が静岡県《しずおかけん》から東京府《とうきょうふ》（当時《とうじ》）に移管《いかん》されて100周年《しゅうねん》の記念《きねん》に、1980（昭和《しょうわ》55）年《ねん》、「島《しま》の連帯《れんたい》の心《こころ》を伝《つた》える観光大使《かんこうたいし》」（彫刻《ちょうこく》した大後友市氏談《だいごゆういちしだん》）として、渋谷駅前《しぶやえきまえ》に贈《おく》られた。

もやい

2章《しょう》

人《ひと》の一生《いっしょう》

現代《げんだい》は、学生生活《がくせいせいかつ》を終《お》えるときが大人《おとな》になる目安《めやす》のようですが、昔《むかし》は、一族《いちぞく》や地域共同体《ちいききょうどうたい》の一員《いちいん》として認《みと》められるための一連《いちれん》の儀式《ぎしき》がありました。生《う》まれた子《こ》を地域《ちいき》や一族《いちぞく》に顔見《かおみ》せし、神々《かみがみ》の御加護《ごかご》をお願《ねが》いし、一人前《いちにんまえ》になったと認《みと》められてようやく仲間入《なかまい》りできたのです。あとは病気《びょうき》や災難《さいなん》にあわぬよう、神仏《しんぶつ》にお願《ねが》いしつつ、ひたすら働《はたら》き、まわりから「お疲《つか》れさまでした」と祝《いわ》ってもらえるのは、還暦《かんれき》（60歳《さい》）を迎《むか》えたときでした。いまは、元気《げんき》で100歳《さい》をこえる人《ひと》も増《ふ》えています。

シルエットクイズ2 わたしはだれ？（答《こた》えは94、95ページ）

③

幾久《いくひさ》しく～、のごあいさつを

①

人生《じんせい》7日《なのか》目《め》の、今日《きょう》この日《ひ》

④

故人《こじん》をしのんで供養《くよう》する年《とし》

②

悪《わる》いことがおきる年齢《ねんれい》なのか？

母子手帳《ぼしてちょう》

開《ひら》けば見《み》える、成長《せいちょう》の歩《あゆ》み

わたし、日本《にほん》のお母《かあ》さんと子《こ》どもたちをずっと守《まも》ってきたのよ。妊娠《にんしん》したことが病院《びょういん》などではっきりしたら、お役所《やくしょ》の窓口《まどぐち》でわたしと出会《であ》うのよね。そして、妊婦《にんぷ》さんのための健康診断《けんこうしんだん》のお知《し》らせや、補助《ほじょ》に関《かん》する案内《あんない》が届《とど》くようになるわけ。とくに初《はじ》めての妊娠《にんしん》のときって、わからないことだらけでしょ。わたしには、子育《こそだ》てに必要《ひつよう》な知識《ちしき》も書《か》かれているから、とても便利《べんり》なのよ。もちろんわたしは、日本《にほん》に住《す》む外国人《がいこくじん》のお母《かあ》さんにも渡《わた》されるから、外国語版《がいこくごばん》をつくっている自治体《じちたい》も、ちゃんとあるわ。

赤《あか》ちゃんが生《う》まれてからは、その子《こ》の健康診断《けんこうしんだん》や予防注射《よぼうちゅうしゃ》や保健指導《ほけんしどう》の記《き》録《ろく》が、ずっと何年間《なんねんかん》もかけて、わたしに書《か》きこまれていくの。そうしておけば、引《ひ》っ越《こ》してほかの町《まち》の保健所《ほけんじょ》や病院《びょういん》に行《い》っても、記録《きろく》があるから、心配《しんぱい》ないわよね。

そうそう、海外《かいがい》でもわたしの仲間《なかま》が増《ふ》えているのよ。インドネシア・タイ・フィリピンなどのアジア、アフリカのケニアでしょ、２００６年《ねん》にはアラビア語初《ごはつ》のわたしが、パレスチナで生《う》まれたの。それぞれ工夫《くふう》してつくってるみたい。

◆正式《せいしき》な名前《なまえ》は「母子健康手帳《ぼしけんこうてちょう》」

・第二次世界大戦中《だいにじせかいたいせんちゅう》の「産《う》めよ増《ふ》やせよ」のときから始《はじ》まった。１９６５（昭和《しょうわ》40）年《ねん》に制定《せいてい》された「母子保健法《ぼしほけんほう》」により、妊娠《にんしん》した者《もの》が自治体《じちたい》に届《とど》け出《で》て、「母子健康手《ぼしけんこうて》帳《ちょう》」を受《う》け取《と》るようになった。交付《こうふ》の仕方《しかた》は自治体《じちたい》によってちがう。

母子手帳
ぼしてちょう

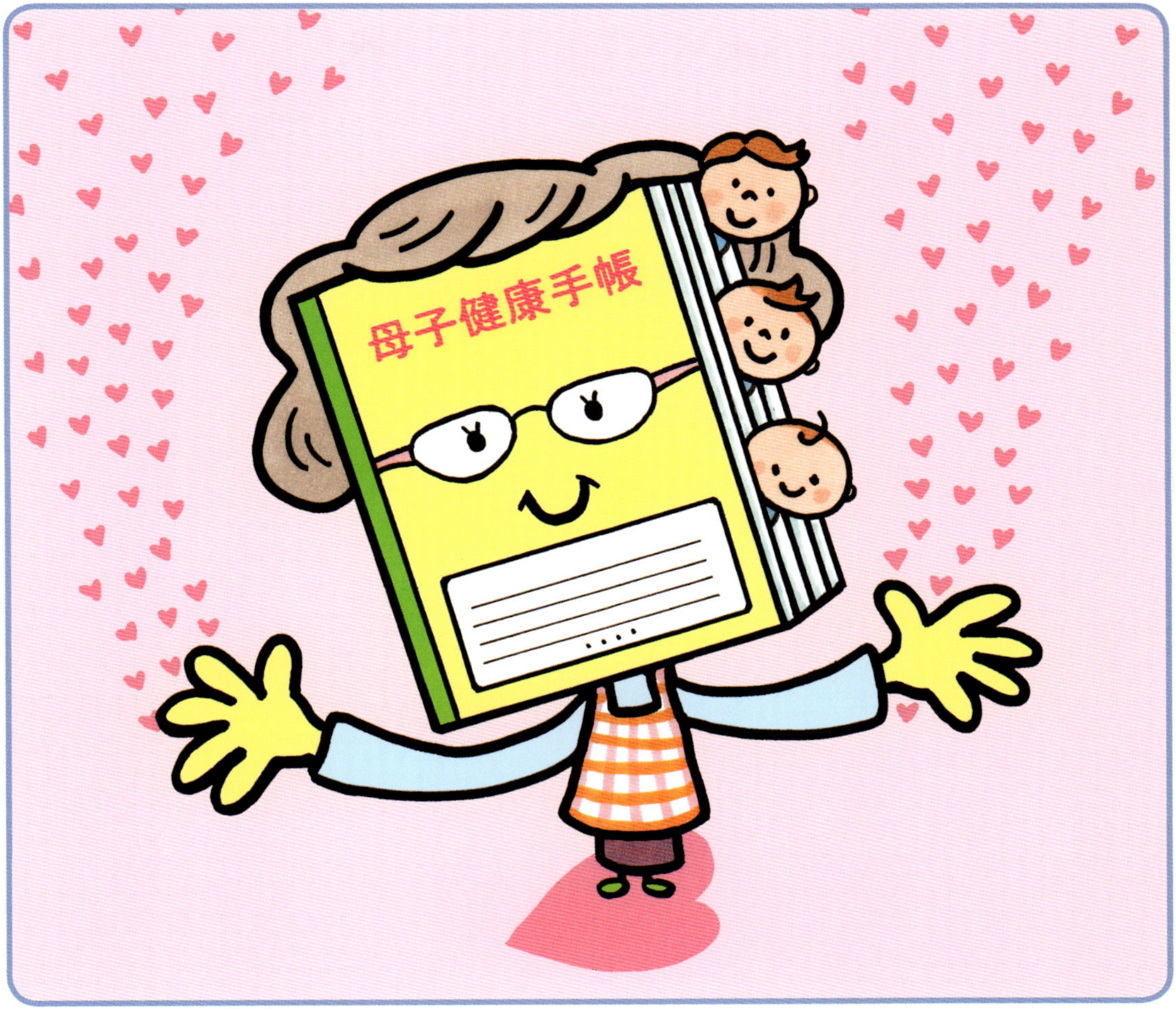

お七夜《しちや》

生《う》まれて最初《さいしょ》のお祝《いわ》いです

赤《あか》ちゃんが無事《ぶじ》に生《う》まれた日《ひ》から7日目《なのかめ》に、わたしは登場《とうじょう》します。お赤飯《せきはん》を炊《た》いて、尾頭《おかしら》つきの魚《さかな》などのごちそうを用意《ようい》して、家族《かぞく》でお祝《いわ》いをする。それがわたしの役目《やくめ》。

昔《むかし》は、せっかく生《う》まれても、すぐに亡《な》くなる赤《あか》ちゃんも多《おお》かったのでね、7日間《なのかかん》生《い》きられてからようやく名前《なまえ》をつけて、まわりの人《ひと》たちに知《し》らせたんですよ。そうやって社会《しゃかい》の一員《いちいん》になれる日《ひ》ですからねぇ。わたしは、とても晴《は》れがましく、1日《にち》をすごすことができますわ。いまは、赤《あか》ちゃんとお母《かあ》さんが退《たい》院《いん》したときに祝《いわ》うことが多《おお》くなりましたが……。

「出生届《しゅっしょうとどけ》」は、生《う》まれてから14日以内《にちいない》に出《だ》せばいいことになっていまして、名前《なまえ》はそれまでの間《あいだ》に、家族《かぞく》で知恵《ちえ》を集《あつ》めて、あれやこれや考《かんが》えるんですよね。決《き》まった名前《なまえ》は、紙《かみ》に大《おお》きく書《か》いて床《とこ》の間《ま》などに飾《かざ》って、お宮参《みやまい》りまでの間《あいだ》、お披露目《ひろめ》したりしていますねぇ。

幸《しあわ》せを祈《いの》ってつけられた名前《なまえ》ですから、魂《たましい》がこもっているのですよ。一生《いっしょう》大切《たいせつ》にしてくださいね。

♠**「名付《なづ》け祝《いわ》い」「命名式《めいめいしき》」ともいう**

- 生《う》まれた子《こ》を初《はじ》めて屋敷《やしき》の外《そと》に出《だ》して、竈神《かまどがみ》・井戸神《いどがみ》・便所神《べんじょがみ》などに詣《もう》で、今後《こんご》の無《ぶ》事《じ》な成長《せいちょう》を願《ねが》う習慣《しゅうかん》があった。
- 名前《なまえ》には、常用漢字《じょうようかんじ》だけでなく人名漢字《じんめいかんじ》も使《つか》える。

お七夜《しちや》

千歳飴《ちとせあめ》

古《ふる》めかしい服《ふく》を着《き》ていますが……

七五三《しちごさん》の行事《ぎょうじ》とわたしは、セットになっています。

かつて七五三《しちごさん》は、11月《がつ》15日《にち》と決《き》まっていたんですが、いまは11月《がつ》の都合《つごう》のいい日《ひ》となっているみたいですね。おかげさまで、わたしの出番《でばん》も、うれしいことに1日《にち》だけじゃなくなりましたよ。よそゆきの着物《きもの》を着《き》て、わたしを持《も》った子《こ》どもが、神社《じんじゃ》やお寺《てら》にお参《まい》りをしているのは、ほほえましいですねぇ。めでたく成長《せいちょう》して3歳《さい》、5歳《さい》、7歳《さい》になったというお祝《いわ》いですから。

わたしがなにからできているか知《し》っていますか。水飴《みずあめ》と砂糖《さとう》を煮詰《につ》め、空気《くうき》を入《い》れてのばしてから、板《いた》の上《うえ》で丸《まる》い棒《ぼう》にして、角《かど》が欠《か》けないように、じょうずに切《き》られたのがわたしなのです。細《ほそ》く長《なが》く、縁起《えんぎ》のいい紅白《こうはく》の色《いろ》で。

わたしが着《き》ている服《ふく》の模様《もよう》はね、長生《ながい》きする鶴亀《つるかめ》でしょ、おめでたい松竹《しょうちく》梅《ばい》でしょ、それに「寿《ことぶき》」って書《か》いてあるわ。とても派手《はで》だけど、子《こ》どもが健《けん》康《こう》で長生《ながい》きするように、っていう祈《いの》りがこめられているのよ。

ご先祖《せんぞ》は、江戸《えど》の浅草《あさくさ》で売《う》られていた「千年飴《せんねんあめ》」「寿命糖《じゅみょうとう》」なんですってよ。ほら「千年《せんねん》」ってめでたいことばでしょ。だから、子《こ》どものお祝《いわ》いに、わたしがつくられるようになったらしいわ。

♠七五三《しちごさん》

・昔《むかし》は「7歳前《さいまえ》は神《かみ》のうち」といい、まだ命《いのち》がこの世《よ》に定着《ていちゃく》していないと考《かんが》えられていた。3歳《さい》は男女《だんじょ》で「髪置《かみお》き」、5歳《さい》は男《おとこ》の子《こ》で「袴着《はかまぎ》」、7歳《さい》は女《おんな》の子《こ》の祝《いわ》いで「帯解《おびと》き」ともいう。いまの祝《いわ》い年齢《ねんれい》に決《き》まったのは、江戸時代後期《えどじだいこうき》になってから。

千歳飴
ちとせあめ

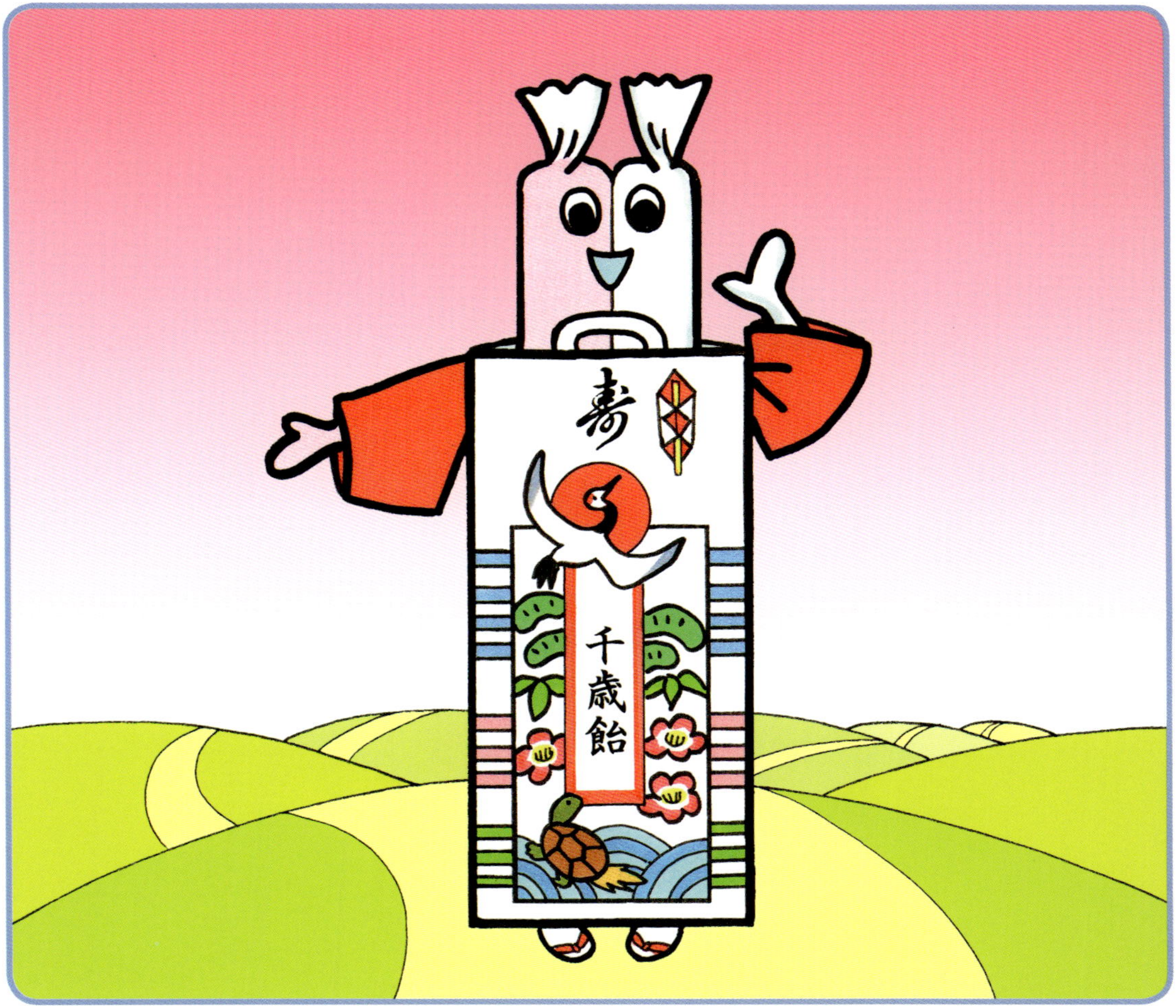

成人式《せいじんしき》

ぼくが生《う》まれたわけは？

二十歳《はたち》になると大人《おとな》っていわれるよね。昔《むかし》はそれが、もっと早《はや》かった。男《おとこ》の子《こ》は15歳《さい》で、女《おんな》の子《こ》は13歳《さい》くらいで、もう大人《おとな》なんだ。侍《さむらい》の子《こ》どもは「元服《げんぷく》」するといってね、髪《かみ》を剃《そ》って丁髷《ちょんまげ》に結《ゆ》うんだ。名《な》前《まえ》も大人《おとな》の名前《なまえ》に変《か》わるしね。農民《のうみん》の男《おとこ》の子《こ》は、60キロの米俵《こめだわら》をかつげるか。女《おんな》の子《こ》は、広《ひろ》い場所《ばしょ》の草《くさ》むしりが1日《にち》でできるか。そういうことが、大人《おとな》になる目安《めやす》だったんだよ。地方《ちほう》によって、やり方《かた》がいろいろあるけどね。

ぼくは、国《くに》が決《き》めた大事《だいじ》な式典《しきてん》さ。生《う》まれたのは1946（昭和《しょうわ》21）年《ねん》。埼《さい》玉県蕨町《たまけんわらびまち》（現《げん》・蕨市《わらびし》）の青年団《せいねんだん》の団長《だんちょう》が考《かんが》えたんだ。日本《にほん》は長《なが》い戦争《せんそう》に負《ま》けて、だれもが生《い》きる希望《きぼう》を失《うしな》っていたから、みんなを励《はげ》まそうと計画《けいかく》したわけ。成年祭《せいねんまつ》りのプログラムに、ぼくを入《い》れたんだよ。

国《くに》が1月《がつ》15日《にち》を「成人《せいじん》の日《ひ》」って決《き》めたのは、1948（昭和《しょうわ》23）年《ねん》。ぼくがきっかけになったのさ。だからね、ただの祝日《しゅくじつ》でも、ただのイベントでもないんだ。大人《おとな》になる意味《いみ》を、ひとりひとりが考《かんが》える日《ひ》なんだからね。

いまは、成人《せいじん》すると選挙権《せんきょけん》がもてるし、お酒《さけ》が飲《の》める。いやいや、そんなことばかりじゃないことも知《し》らなきゃね。悪《わる》いことしたら、「未成年《みせいねん》だから」なんて言《い》い訳《わけ》も通用《つうよう》しないんだ。

成年《せいねん》・成人式発祥《せいじんしきはっしょう》の地《ち》

・蕨市《わらびし》には、始《はじ》まりの名称《めいしょう》を継承《けいしょう》した「成年式発祥《せいねんしきはっしょう》の地《ち》」、宮崎県諸塚村《みやざきけんもろつかそん》には「成人式発《せいじんしきはっ》祥《しょう》の地《ち》」の碑《ひ》がある。国民《こくみん》の祝日《しゅくじつ》は、2000（平成《へいせい》12）年《ねん》から1月第《がつだい》2月曜日《げつようび》に変更《へんこう》。

成人式
_{せいじんしき}

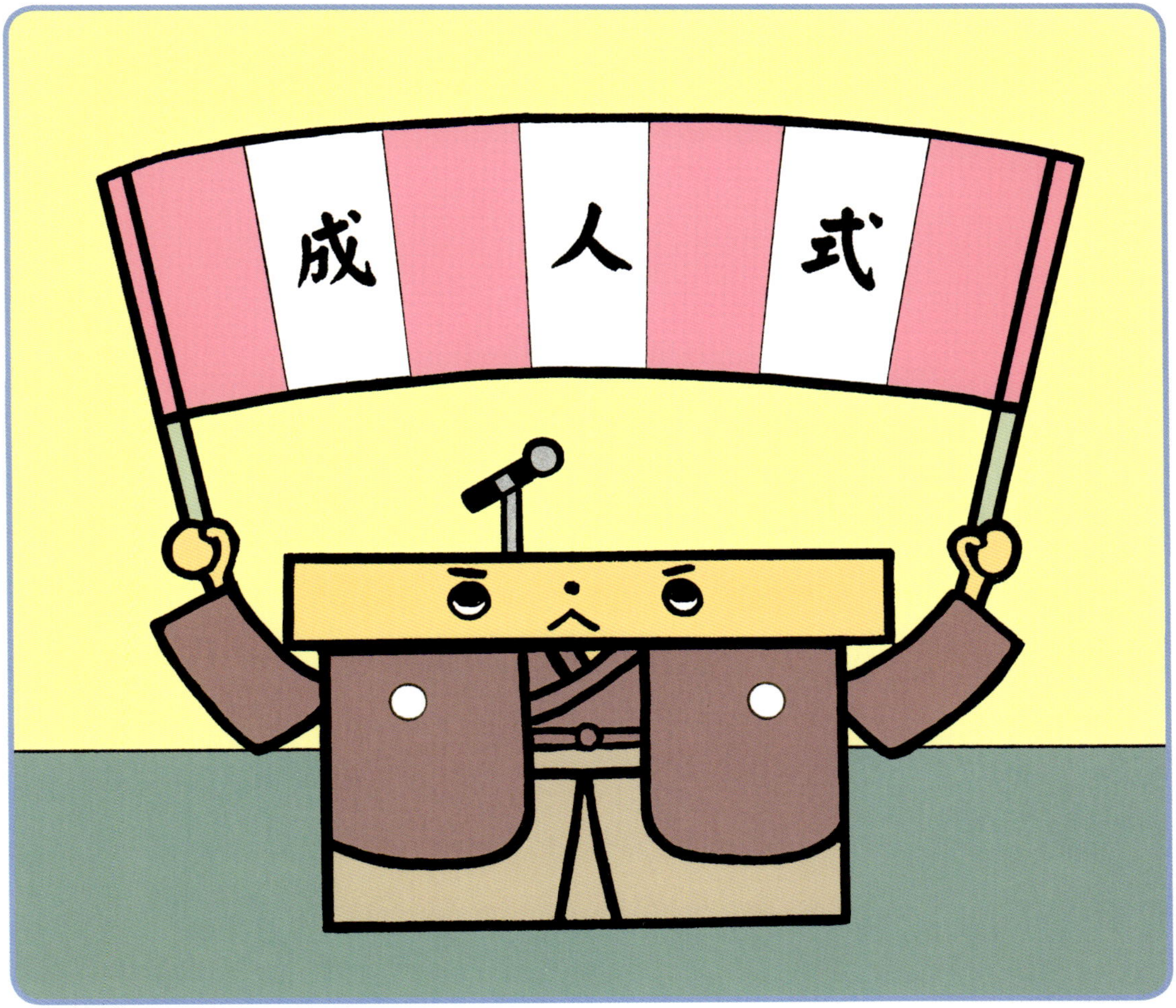

結納《ゆいのう》

「幾久《いくひさ》しくお納《おさ》めください」「幾久《いくひさ》しくお受《う》けいたします」

わたし、結納《ゆいのう》というものでございます。

結婚《けっこん》が決《き》まって、お式《しき》をあげるまでの間《あいだ》に登場《とうじょう》するのでございますよ。いってみれば婚約式《こんやくしき》のようなものでございます。

かつては、結婚《けっこん》って、家同士《いえどうし》が結《むす》ばれることでございましたでしょ。家《いえ》と家《いえ》との新《あたら》しい「結《ゆい》」ができるので、両家《りょうけ》が集《あつ》まって顔合《かおあ》わせの食事《しょくじ》をしたのでございますよ。そのときの食事《しょくじ》の品々《しなじな》が、わたし。それが、いつからでございましょうか、どんどん派手《はで》になりまして、結納品《ゆいのうひん》をそろえたり、結納金《ゆいのうきん》というお金《かね》まで登場《とうじょう》するようになったのです。

仲人《なこうど》さんを知《し》っていますか。結婚《けっこん》の話《はなし》をまとめる人《ひと》のことでして、その仲人《なこうど》さんが両家《りょうけ》の結納品《ゆいのうひん》を運《はこ》ぶのです。しきたりは地方《ちほう》によってまちまちなのでございますがね。めでたくわたしが役目《やくめ》を終《お》えれば、あとは結婚式《けっこんしき》を待《ま》つばかり。

そんな時代《じだい》が長《なが》く続《つづ》きましたが、昨今《さっこん》は、当人《とうにん》と両家《りょうけ》の家族《かぞく》が集《あつ》まって食事《しょくじ》をするというのが、多《おお》くなっているようですよ。それって、本来《ほんらい》のわたしがよみがえった、といえるのでしょうねぇ。

♠結納品《ゆいのうひん》

・結納《ゆいのう》の品名《ひんめい》と数《かず》を記《しる》した目録《もくろく》、結納金《ゆいのうきん》である金包《きんぽう》、貴重《きちょう》なアワビを伸《の》しておもてなしの意《い》をこめた熨斗《のし》、互《たが》いに心《こころ》を開《ひら》いて発展《はってん》を望《のぞ》む末広《すえひろ》、結婚生活《けっこんせいかつ》の永遠《えいえん》の幸福《こうふく》を願《ねが》う寿留女《するめ》、子孫繁栄《しそんはんえい》を祈《いの》る子生婦《こんぶ》、ともに長寿《ちょうじゅ》を願《ねが》う共白髪《ともしらが》（友白髪《ともしらが》）や高砂人形《たかさごにんぎょう》、しなやかな柳《やなぎ》の葉《は》のように円満《えんまん》な家庭《かてい》を願《ねが》う家内喜多留《やなぎだる》など。地域《ちいき》による特色《とくしょく》もさまざま。

結納
ゆいのう

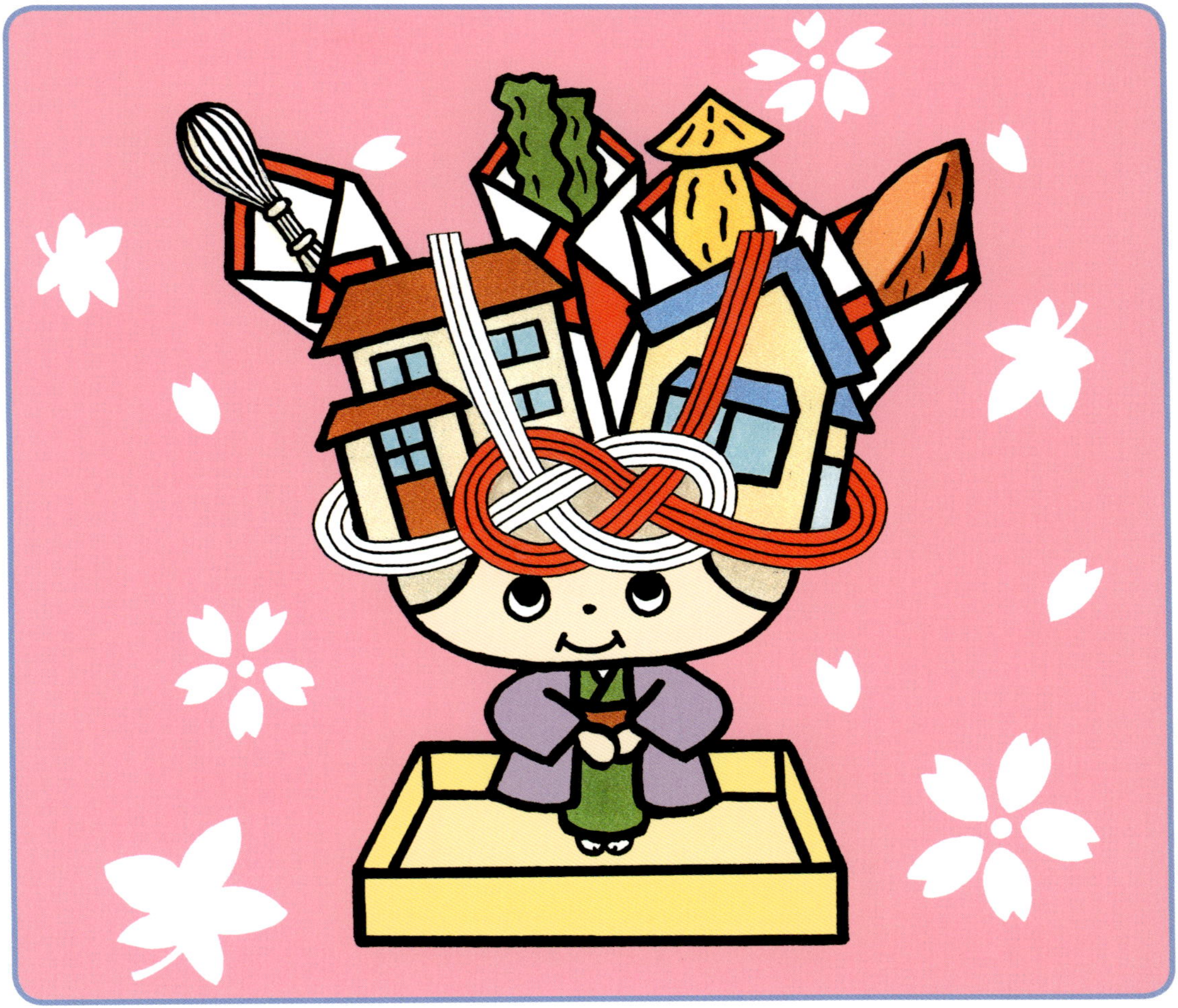

厄年《やくどし》

メンタルを強《つよ》くもって、やりすごすがいい

わしは「厄《やく》」だ。災難《さいなん》や病気《びょうき》の化身《けしん》。悪《あく》の権化《ごんげ》ぞ。

昔《むかし》から、ある年齢《ねんれい》になった人《ひと》をわしがおそうと、世間《せけん》の人《ひと》は「厄年《やくどし》だからなぁ」といって恐《おそ》れてきた。代表的《だいひょうてき》な年齢《ねんれい》は、7、13歳《さい》。女子《じょし》の19、33、37歳《さい》。男子《だんし》の25、42、61歳《さい》。しかも、その年《とし》の前後《ぜんご》も「前厄《まえやく》」「後厄《あとやく》」というから、本厄《ほんやく》を入《い》れてそれぞれ3年《ねん》も続《つづ》く。

とくに男《おとこ》の42歳《さい》と女《おんな》の33歳《さい》は、「大厄《たいやく》」といって大《おお》きな災《わざわ》いがふりかかる歳《とし》。42は「死《し》に」、33は「さんざん」とも読《よ》めるだろう。気《き》にする人《ひと》は厄払《やくばら》いのお参《まい》りをするのだ。

だが、もとは、その年齢《ねんれい》になると地域《ちいき》での神事《しんじ》の役《やく》を務《つと》めるというので「役《やく》年《どし》」だったのだよ。お役目《やくめ》を無事《ぶじ》に果《は》たすべく、健康《けんこう》にも気遣《きづか》ってすごすだろう。人生《じんせい》には、そのような気遣《きづか》いをしたほうがよい時期《じき》があるというわけだな。

わしは、べつに年齢《ねんれい》を考《かんが》えてとりつくばかりでもないんだが、たしかに、まだ子《こ》どものうちとか、出産《しゅっさん》のころとか、仕事《しごと》のしすぎとか、定年《ていねん》を迎《むか》えたときなどは、ちょっかいを出《だ》したくなるのでな。用心《ようじん》することだ。

◆陰陽家《おんようけ》の説《せつ》が民間《みんかん》に広《ひろ》がった

・年頭《ねんとう》に親戚《しんせき》や知《し》り合《あ》いを招《まね》き、年祝《としいわ》いをして厄払《やくばら》いをしたり、氏神《うじがみ》さまにお参《まい》りをしたりする。2月朔日《がつついたち》や6月朔日《がつついたち》の場合《ばあい》もある。

・櫛《くし》や銭《ぜに》などを道《みち》ばたに落《お》として厄払《やくばら》いをするとか、正月《しょうがつ》をその年《とし》だけ2回迎《かいむか》えて年齢《ねんれい》を早《はや》く進《すす》めるといったところもある。

厄年
<small>やくどし</small>

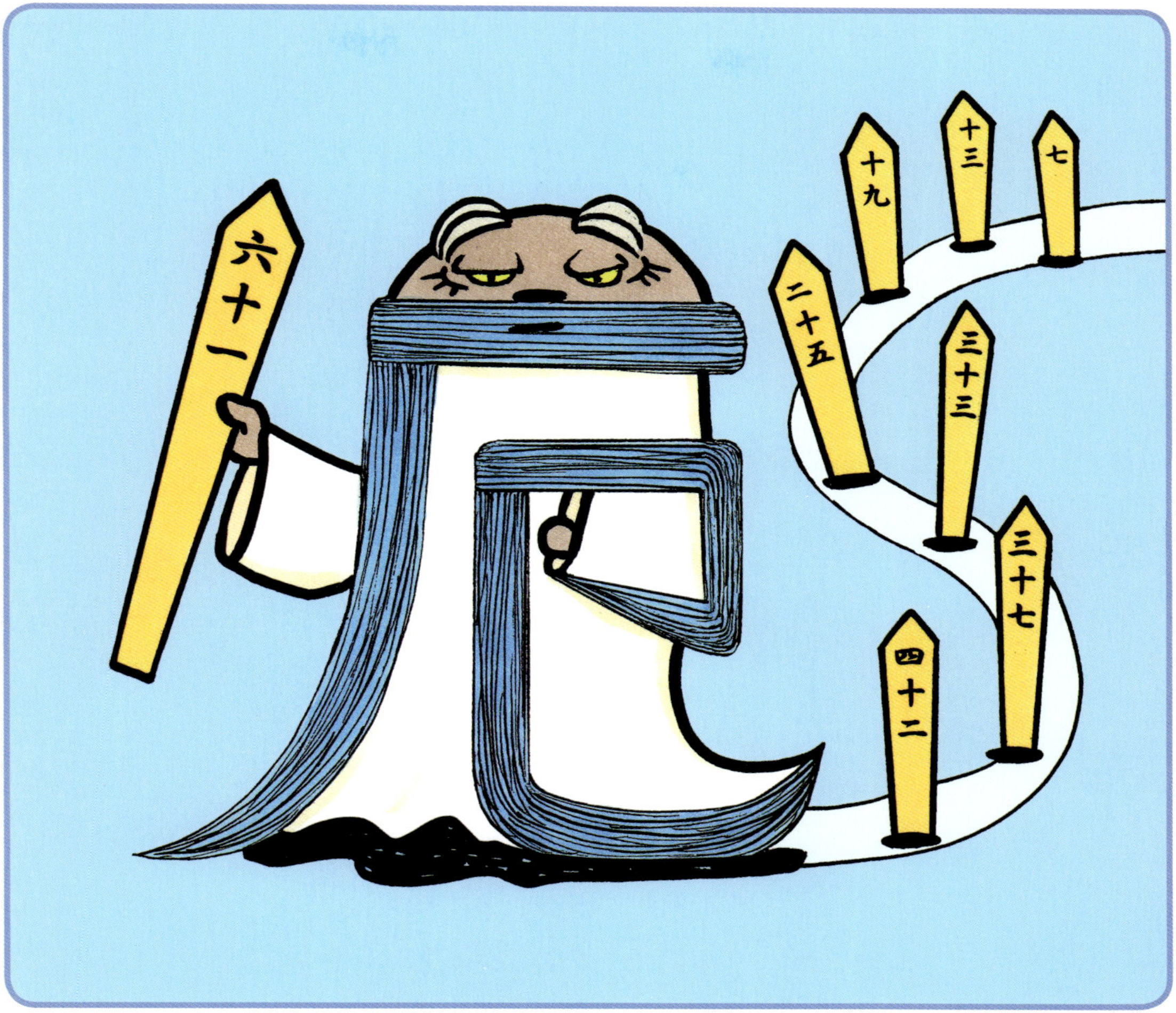

還暦《かんれき》

まだまだ若《わか》いですよ〜

♪村《むら》の渡《わた》しの船頭《せんどう》さんは　今年六十《ことしろくじゅう》のおじいさん

この歌《うた》を知《し》っている人《ひと》は、いまでは、ずいぶんと少《すく》なくなりました。ちょうどぼくの歳《とし》なんですよねぇ。60歳《さい》は、生《う》まれた年《とし》の干支《えと》の組《く》み合《あ》わせがひとまわりして、また生《う》まれた年《とし》のものに還《かえ》るという歳《とし》なんです。家族《かぞく》から贈《おく》られた赤《あか》いちゃんちゃんこや頭巾《ずきん》を身《み》につけて、お祝《いわ》いをしてもらうのですよ。

年祝《としいわい》（賀寿《がじゅ》）のなかでは、ぼくがいちばん有名《ゆうめい》かもしれないですねぇ。なにしろ、仕事《しごと》をしている人《ひと》の定年《ていねん》の歳《とし》として、長年勤《ながねんつと》めた会社《かいしゃ》をやめ、第二《だいに》の人生《じんせい》に船出《ふなで》するターニングポイントでしたから。

16世紀《せいき》に天下統一《てんかとういつ》を志《こころざ》した織田信長《おだのぶなが》は、「人間五十年《にんげんごじゅうねん》、下天《げてん》の内《うち》をくらぶれば、夢幻《ゆめまぼろし》の如《ごと》くなり」と謡《うた》って、桶狭間《おけはざま》の戦《たたか》いに出陣《しゅつじん》しました。〝人生《じんせい》わずか五十年《ごじゅうねん》〟といっていたんですよ。『船頭《せんどう》さん』は昭和《しょうわ》の歌《うた》ですが、「年《とし》はってもお船《ふね》をこぐときは」と続《つづ》くんですから、60歳《さい》はやはり、すっかりおじいさんあつかいだったわけですよ。

昔《むかし》にくらべたら、いまは10歳《さい》くらいは若返《わかがえ》っていますし、病気《びょうき》さえしなければ、元気《げんき》もりもり。「古希《こき》」の70歳《さい》をすぎても働《はたら》けると思《おも》いますよ。

♠干支《えと》の組《く》み合《あ》わせとは

・十二支《じゅうにし》は「子《ね》・丑《うし》・寅《とら》・卯《う》・辰《たつ》・巳《み》・午《うま》・未《ひつじ》・申《さる》・酉《とり》・戌《いぬ》・亥《い》」。それと、十干《じっかん》「甲《きのえ》・乙《きのと》・丙《ひのえ》・丁《ひのと》・戊《つちのえ》・己《つちのと》・庚《かのえ》・辛《かのと》・壬《みずのえ》・癸《みずのと》」を合《あ》わせた、全《ぜん》60の組《く》み合《あ》わせがある。たとえば2002年生《ねんう》まれの人《ひと》は「午年《うまどし》」というが、細《こま》かくは「癸午《みずのとうま》」という。

還暦
かんれき

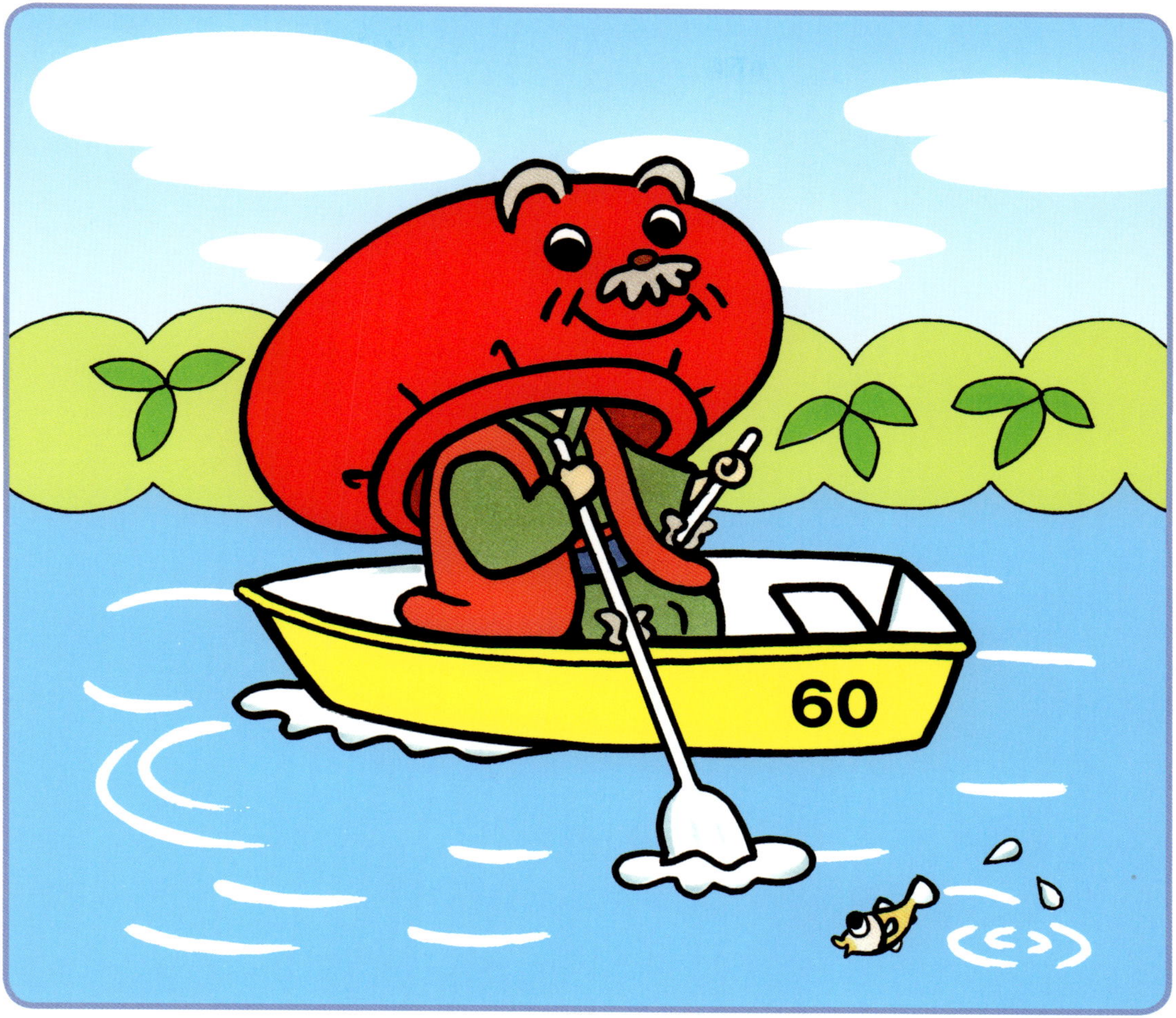

白寿《はくじゅ》

「百《ひゃく》」という漢字《かんじ》から「一《いち》」を引《ひ》いてみてください

日本人《にほんじん》の平均寿命《へいきんじゅみょう》をご存知《ぞんじ》かしら？

2013（平成《へいせい》25）年《ねん》で男性《だんせい》は80歳《さい》。女性《じょせい》はなんと86歳《さい》で世界一《せかいいち》なんですよ。昔《むかし》は、88歳《さい》の米寿《べいじゅ》さんが最後《さいご》のお祝《いわ》いで、90歳《さい》の卒寿《そつじゅ》さんなんか、めったに呼《よ》ばれなかったものですけどねぇ。ましてや、わたしは名前《なまえ》だけの言《い》い伝《つた》え、まぼろしのような存在《そんざい》でありました。

それがですね、100歳以上《さいいじょう》の人《ひと》は、1970（昭和《しょうわ》45）年《ねん》には、たったの310人《にん》だったのが、いまじゃ5万人《まんにん》を超《こ》えたんですよ。わたしも、みなさんにお目《め》にかかることが多《おお》くなったわけです。

わたしがいくつかは、もうおわかりですね？「百《ひゃく》」から「一《いち》」を引《ひ》くと「白《しろ》」。99歳《さい》の白寿《はくじゅ》でございます。

みなさんの長生《ながい》きとともに、わたしの仲間《なかま》も増《ふ》えております。百賀《ももが》さん、茶《ちゃ》寿《じゅ》さん（108歳《さい》）、皇寿《こうじゅ》さん（111歳《さい》）という具合《ぐあい》に。120歳《さい》まで生《い》きられたら、大還暦《だいかんれき》さんに会《あ》えますのよ。あなた、めざしてみませんこと？

♠高齢者《こうれいしゃ》アスリートの大会《たいかい》

・「2013国際《こくさい》ゴールドマスターズ京都大会《きょうとたいかい》」には、日本《にほん》をふくむ11か国《こく》から、男女《だんじょ》870人《にん》あまりがプールと陸上競技場《りくじょうきょうぎじょう》で参戦《さんせん》。103歳《さい》の宮崎秀吉選手《みやざきひできちせんしゅ》は砲丸投《ほうがんな》げや100m《メートル》走《そう》。女子《じょし》90歳《さい》の守田満選手《もりたみつせんしゅ》は100m《メートル》走《そう》で活躍《かつやく》し、記録《きろく》が生《う》まれている。

・フルマラソン完走《かんそう》は、100歳《さい》でのファウジャ・シンさん（インド）が世界《せかい》の最高齢記録《さいこうれいきろく》（2011年《ねん》）。

白寿
はくじゅ

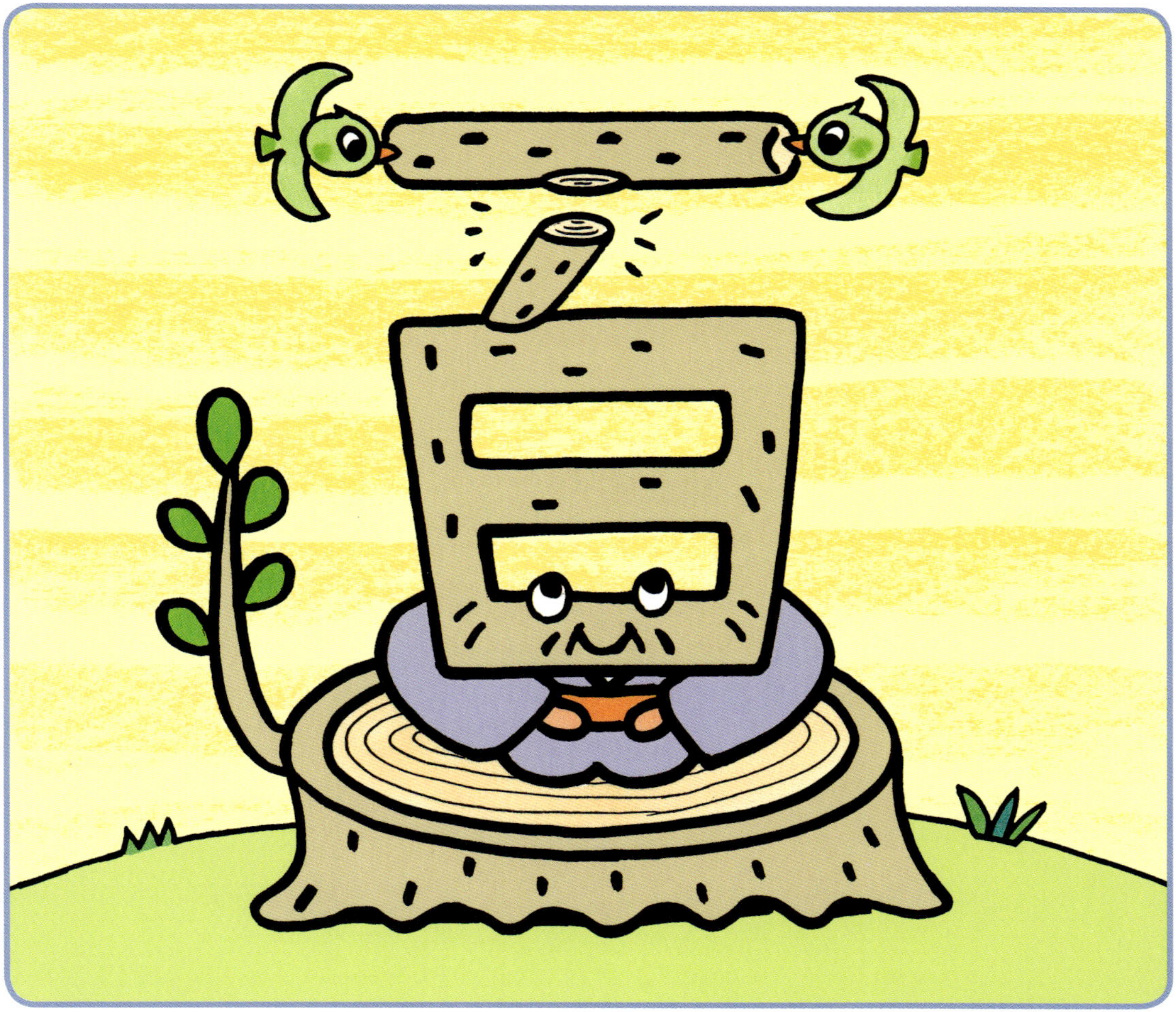

枕飯《まくらめし》

ひもじい思《おも》いは、してほしくありません

「あの人《ひと》もとうとう死《し》んじまったで、枕飯《まくらめし》を炊《た》かなきゃ」

亡《な》くなった人《ひと》のおかみさんが、泣《な》いています。

「働《はたら》くばっかりで、なんの楽《たの》しみもなかったからねぇ。冥土《めいど》に行《い》くまで腹《はら》が減《へ》らないように」

おかみさんの妹《いもうと》がかまどに火《ひ》をつけました。

「おとうは、白《しろ》い飯《めし》が腹《はら》いっぱい食《く》えるとなったら、生《い》き返《かえ》るかもしんねぇな」

息子《むすこ》も泣《な》きながら薪《まき》を運《はこ》んでいます。

「ほんにそうなら、うれしいが」

おかみさんは、炊《た》きあがったごはんをお茶碗《ちゃわん》に山盛《やまも》りにして、ふだん使《つか》っていた箸《はし》をまっすぐに立《た》てました。

それがわたしなのですよ。やっと出番《でばん》がきました。死《し》んだ人《ひと》の枕元《まくらもと》で見守《みまも》り、棺《ひつぎ》が祭壇《さいだん》に移《うつ》されたらわたしも祭壇《さいだん》に供《そな》えられて、野辺送《のべおく》りでは棺《ひつぎ》の前《まえ》を歩《ある》くんです。わたしといっしょに枕団子《まくらだんご》さんもいるわ。ふたりとも、人《ひと》が亡《な》くなったときから火葬場《かそうば》やお墓《はか》まで、お供《とも》いたします。

♠死者《ししゃ》の弁当《べんとう》

・近親《きんしん》の女性《じょせい》か近所《きんじょ》の手伝《てつだ》いの女性《じょせい》によって、臨時《りんじ》のかまどで炊《た》かれる。茶碗《ちゃわん》も、死者《ししゃ》が使《つか》っていたものを使《つか》う。枕団子《まくらだんご》とともに死者《ししゃ》の弁当《べんとう》ともよばれて、墓《はか》に供《そな》えられたあとは早《はや》く鳥《とり》などに食《た》べられると成仏《じょうぶつ》するともいう。

枕飯
まくらめし

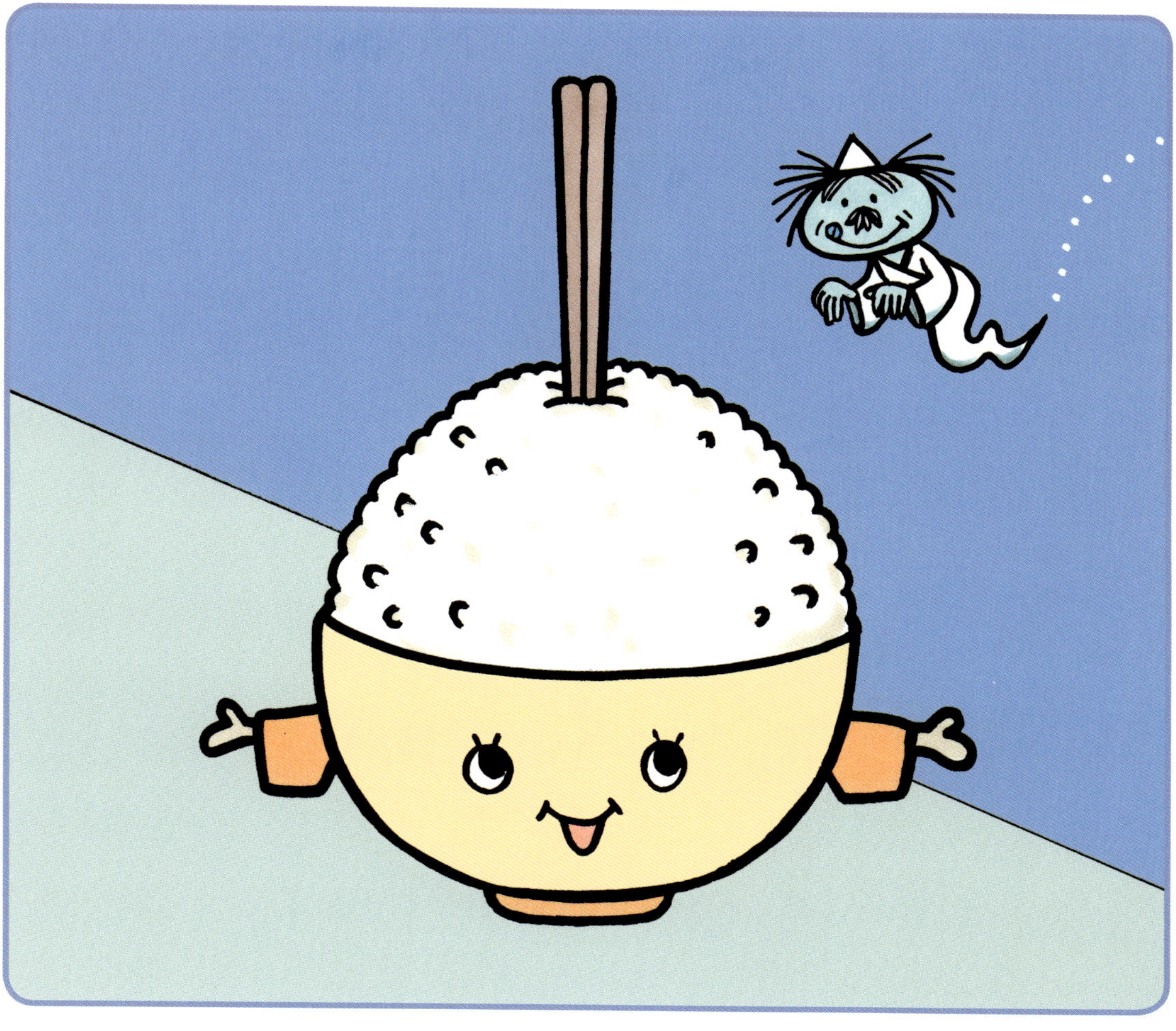

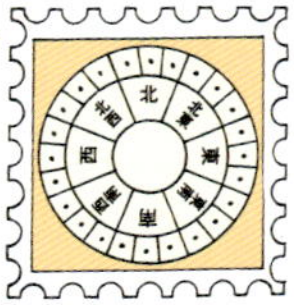

年忌《ねんき》

だんだんご先祖《せんぞ》さまに近《ちか》づいていきます

人《ひと》が亡《な》くなった日《ひ》を「命日《めいにち》」というじゃろ。残《のこ》された家族《かぞく》は命日《めいにち》を大事《だいじ》に思《おも》うておる。1年《ねん》ごとにめぐってくるその日《ひ》ばかりでなく、「月命日《つきめいにち》」もある。毎月《まいつき》、お線香《せんこう》をあげたり、お墓参《はかまい》りをしたりするのじゃ。

わしは、その命日《めいにち》のうちでも、定《さだ》められた年《とし》にめぐってくる「年忌《ねんき》」という者《もの》よ。いちばん盛大《せいだい》にやるのは、1周忌《しゅうき》と3回忌《かいき》。お坊《ぼう》さまに来《き》ていただいたり、お寺《てら》に行《い》ったりして、みんなで供養《くよう》をするのじゃ。13回忌《かいき》や23回忌《かいき》にもなると、父方《ちちかた》の祖父母《そふぼ》や母方《ははかた》の祖父母《そふぼ》に、お互《たが》いの親《おや》も亡《な》くなっていたりして、さあ、だれがいつ亡《な》くなったのか、だんだんおぼろげになってくるのは、しかたのないことじゃの……。

いまは、インターネットで年忌計算《ねんきけいさん》というものができる世《よ》の中《なか》らしいから、利用《りよう》しておくれ。せめて33回忌《かいき》どののときは、盛大《せいだい》にやってもらいたい。これが済《す》むと、ひとりひとりの霊《れい》は個性《こせい》を失《うしな》って、ご先祖《せんぞ》さまになってしまうのでな。

50回忌《かいき》どのになると、法要《ほうよう》というよりはもう祝《いわ》い事《ごと》じゃが、めったに出番《でばん》はないわ。

♠最後《さいご》の年忌法要《ねんきほうよう》「弔《とむら》い上《あ》げ」

・1周忌《しゅうき》、3回忌《かいき》から、7、13、17、23、33回忌《かいき》と続《つづ》き、一般的《いっぱんてき》には33回忌《かいき》をもって最後《さいご》とするが、50回忌《かいき》をすることもある。故人最後《こじんさいご》の年忌法要《ねんきほうよう》ののちは、寺社《じしゃ》での永代供養《えいたいくよう》をしたりする。

年忌
ねんき

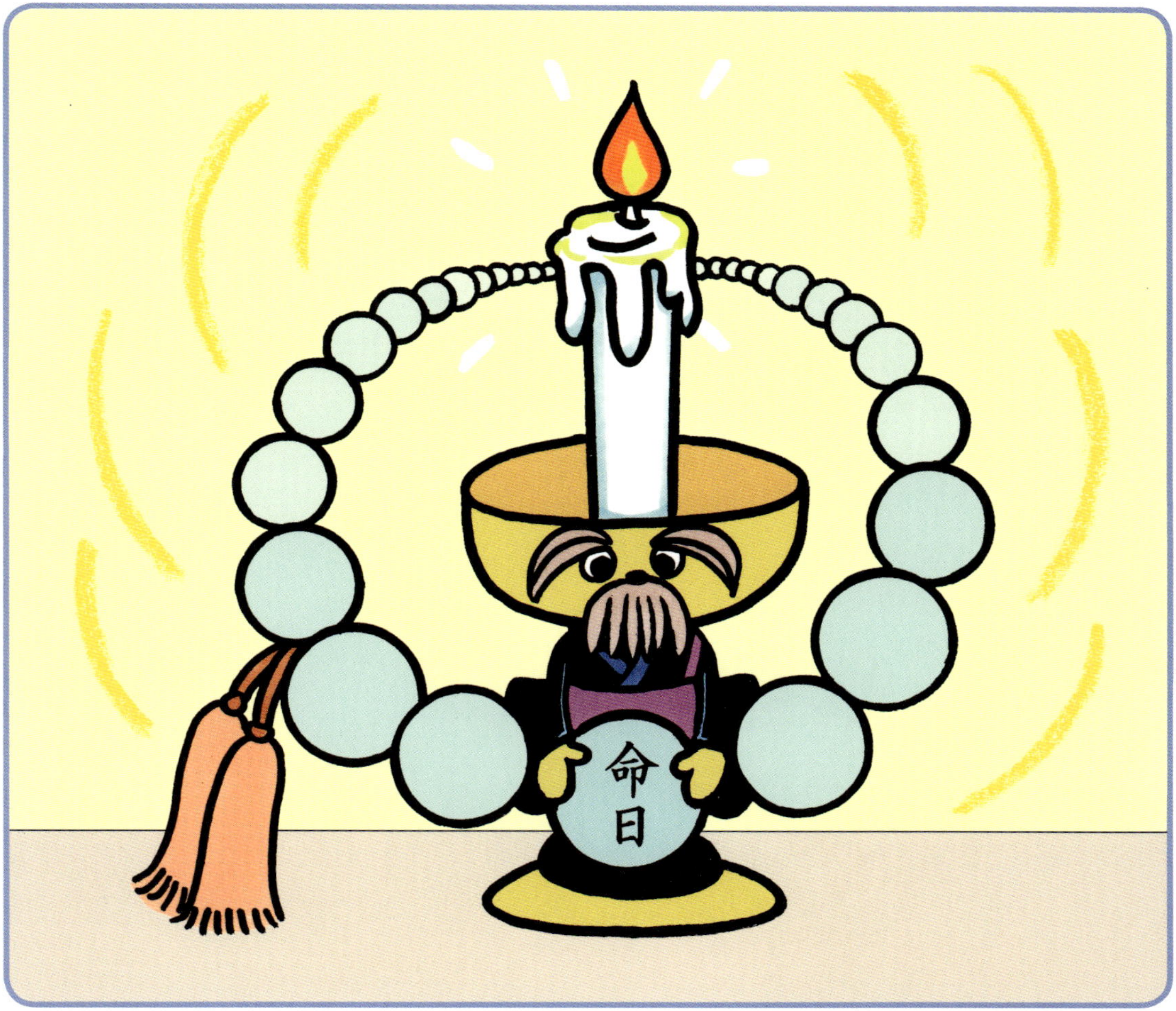

3章《しょう》

国《くに》の決《き》まりごと1

●江戸《えど》時代《じだい》

1603年《ねん》に徳川家康《とくがわいえやす》が江戸幕府《えどばくふ》を開《ひら》いてから、三代将《さんだいしょう》軍《ぐん》家光《いえみつ》のころまでに、「武家諸法度《ぶけしょはっと》」「参勤交代《さんきんこうたい》」など、幕《ばく》府《ふ》の決《き》まりごとが固《かた》まります。驚《おどろ》くべきことに、それからは約《やく》250年間《ねんかん》、「天下泰平《てんかたいへい》」が続《つづ》きました。ですから、日本社会《にほんしゃかい》の決《き》まりごとや風習《ふうしゅう》の中《なか》には、江戸時代《えどじだい》からのものが少《すく》なくありません。忠義《ちゅうぎ》、義理人情《ぎりにんじょう》、連帯責任《れんたいせきにん》といった日《に》本人《ほんじん》の気質《きしつ》も、江戸時代《えどじだい》に形《かたち》づくられました。

野球《やきゅう》の日本代表《にほんだいひょう》チームを「侍《さむらい》ジャパン」というように、よかれあしかれ、日本人《にほんじん》のあり方《かた》にいまも深《ふか》い影響《えいきょう》をあたえている、江戸時代《えどじだい》の決《き》まりごとの秘密《ひみつ》を探《さぐ》ります。

シルエットクイズ3 わたしはだれ？（答《こた》えは94、95ページ）

③

自由《じゆう》な出版《しゅっぱん》など許《ゆる》さぬ！

①

通《とお》す前《まえ》に、わたしが調《しら》べます！

④

小判《こばん》はここで生《う》まれる

②

どこのだれか、書《か》き留《と》めるぞ

参勤交代《さんきんこうたい》

長《なが》～い、長《なが》～い行列《ぎょうれつ》

自分《じぶん》は、もともとは大名《だいみょう》に忠誠《ちゅうせい》を示《しめ》させるのが目的《もくてき》で生《う》まれた。

各地《かくち》の大名《だいみょう》は、一定《いってい》の期間《きかん》、江戸《えど》でお勤《つと》めをし、次《つぎ》の1年間《ねんかん》（関東《かんとう》は半年《はんとし》）は自分《じぶん》の領国《りょうごく》で過《す》ごし、翌年《よくとし》また江戸《えど》へ、をくり返《かえ》したんだから、その費用《ひよう》は莫大《ばくだい》なもの。加賀藩《かがはん》（のちの金沢藩《かなざわはん》）が、1度《ど》の参勤《さんきん》（往復《おうふく》、滞在《たいざい》）の総額《そうがく》で4億円《おくえん》ぐらいかけた年《とし》もあれば、いちばん遠《とお》い薩摩藩《さつまはん》（鹿児島県《かごしまけん》）などは、その3倍以上《ばいいじょう》かかることもあったよ。

奥方《おくがた》や子《こ》どもは人質状態《ひとじちじょうたい》で、ずっと江戸屋敷住《えどやしきず》まい。子《こ》どもも、次第《しだい》に江《え》戸《ど》生《う》まればかりに。身《み》も心《こころ》も江戸《えど》や徳川政権《とくがわせいけん》に親《した》しんで育《そだ》てば、徳川《とくがわ》に逆《さか》らう発想自体《はっそうじたい》が芽生《めば》えにくいだろう？

大名《だいみょう》にとっては大変《たいへん》なことだったわけだが、ようく考《かんが》えてみな。自分《じぶん》のおかげで、道《みち》や川《かわ》などの交通網《こうつうもう》は発達《はったつ》。宿場《しゅくば》も発展《はってん》で、沿道《えんどう》の町《まち》や江戸《えど》の経済《けいざい》効果《こうか》は大変《たいへん》なものだったんだよ。

それだけじゃない。大名同士《だいみょうどうし》の交流《こうりゅう》で、藩《はん》の財政《ざいせい》に関《かん》する意見交換《いけんこうかん》や各地《かくち》の特産物《とくさんぶつ》のアイディアも出《で》たし、江戸文化《えどぶんか》が全国《ぜんこく》に広《ひろ》がって、日本独特《にほんどくとく》の伝統《でんとう》文化《ぶんか》をつくる手助《てだす》けをしたってわけだ。

参勤交代《さんきんこうたい》って？

・参勤交代《さんきんこうたい》の制度化《せいどか》は、三代将軍徳川家光《さんだいしょうぐんとくがわいえみつ》が「武家諸法度《ぶけしょはっと》」を改正《かいせい》したとき。お供《とも》の数《かず》は身分《みぶん》に合《あ》わせるように指示《しじ》したが、大名《だいみょう》たちは見栄《みえ》や他藩《たはん》との釣《つ》り合《あ》いを気《き》にして大行列《だいぎょうれつ》を組《く》み、4000人《にん》にまでなったところもある。

参勤交代
<small>さんきんこうたい</small>

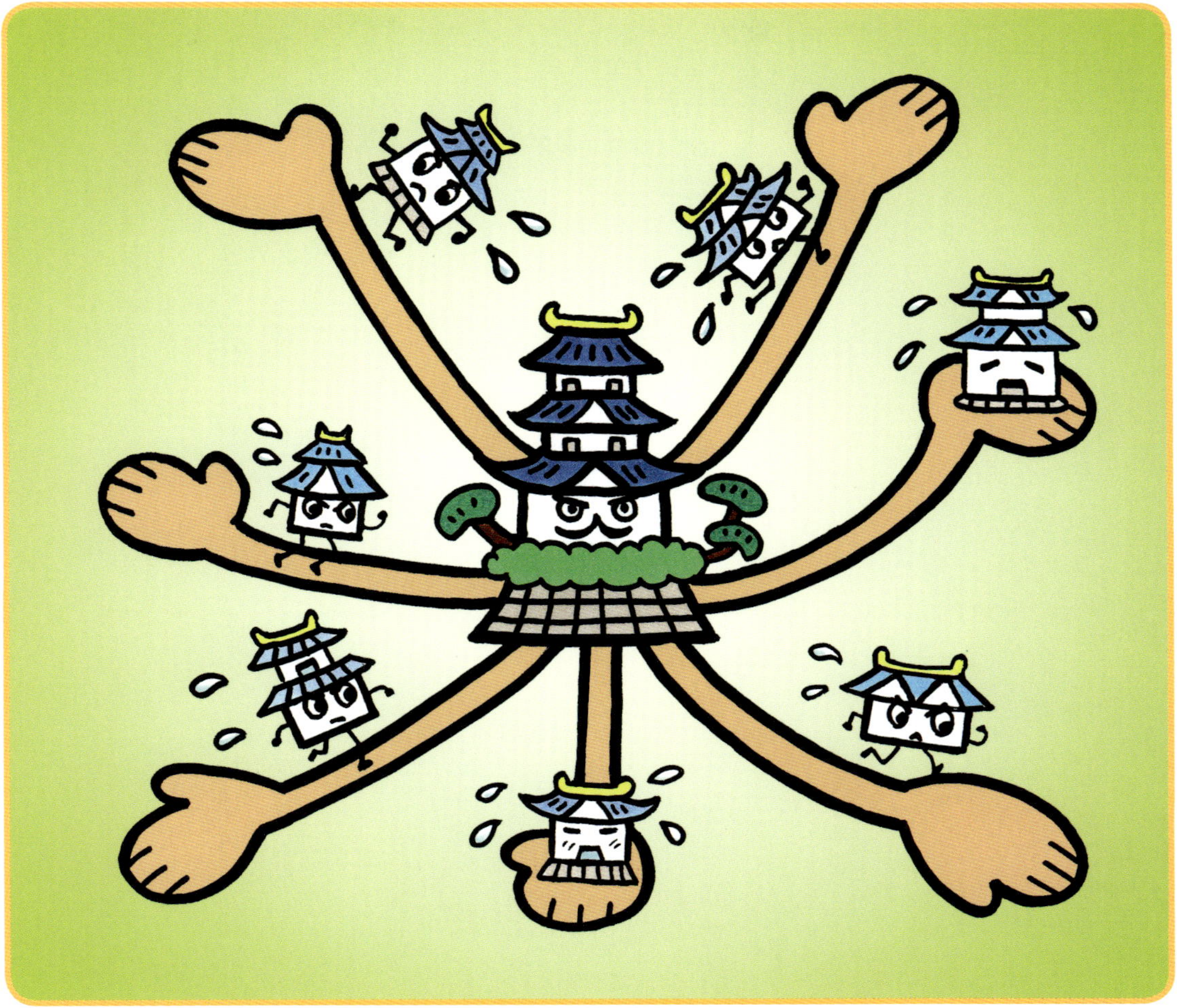

人見女《ひとみおんな》

かんたんには通《とお》しませんよ

　江戸城《えどじょう》に住《す》んでいる将軍《しょうぐん》さまが恐《おそ》れていたことといえば、諸大名《しょだいみょう》が反乱《はんらん》を起《お》こすことでございます。大名《だいみょう》の奥方《おくがた》や子《こ》どもは江戸《えど》住《ず》まいが原則《げんそく》。なのに、ひそかに国元《くにもと》に帰《かえ》ったりしたら、それは反乱《はんらん》の準備《じゅんび》かもしれませんでしょ。ですから、街道《かいどう》の関所《せきしょ》では、江戸《えど》から地方《ちほう》へ出《で》ていく「出女《でおんな》」を厳重《げんじゅう》に監視《かんし》したのですよ。

　人見女《ひとみおんな》と呼《よ》ばれるわたしは、関所《せきしょ》の女性調査官《じょせいちょうさかん》です。お灸治療《きゅうちりょう》の跡《あと》やホクロ、まゆの有無《うむ》などの特徴《とくちょう》が「手形《てがた》」に書《か》かれているとおりか、念入《ねんい》りに見《み》るのがお役目《やくめ》。結《ゆ》い上《あ》げた髪《かみ》の中《なか》に密書《みっしょ》を隠《かく》していないかは、髪《かみ》を解《と》いて改《あらた》めます。

　そうそう、なよっとした女《おんな》っぽい男《おとこ》も、よく確《たし》かめませんとねぇ。男《おとこ》のほうが関所《せきしょ》を通《とお》りやすいからと、たまには男装《だんそう》する女《おんな》もいるんですよ。あれこれ厳《きび》しく身体検査《しんたいけんさ》をするわけですけれども、そこはそれ、〝地獄《じごく》の沙《さ》汰《た》も金次第《かねしだい》〟とやら申《もう》しますでしょ、心付《こころづ》けとかがあると、多少《たしょう》は目《め》をつぶらないでもないですよ、ホホホ。

入鉄砲《いりでっぽう》に出女《でおんな》

・江戸《えど》の治安維持《ちあんいじ》のため、鉄砲《てっぽう》などの武器《ぶき》は「鉄砲手形《てっぽうてがた》」で数量《すうりょう》をチェックした。

・往来《おうらい》の多《おお》い東海道《とうかいどう》の関所《せきしょ》のうち、とくに厳《きび》しい新居《あらい》の関《せき》（静岡県《しずおかけん》）は、『改《あらた》め次第《しだい》』第《だい》一条《いちじょう》に「女並《おんなな》らびに鉄砲《てっぽう》を第一改《だいいちあらた》めに申《もう》すべく候《そうろう》」と掲《かか》げ、箱根《はこね》の関《せき》（神奈川県《かながわけん》）も出《で》女《おんな》に厳《きび》しかった。人見女《ひとみおんな》は関所役人《せきしょやくにん》の母《はは》や妻《つま》が務《つと》め、「改《あらた》め女《おんな》」「改《あらた》め婆《ばば》」とも呼《よ》ばれた。

人見女
ひとみおんな

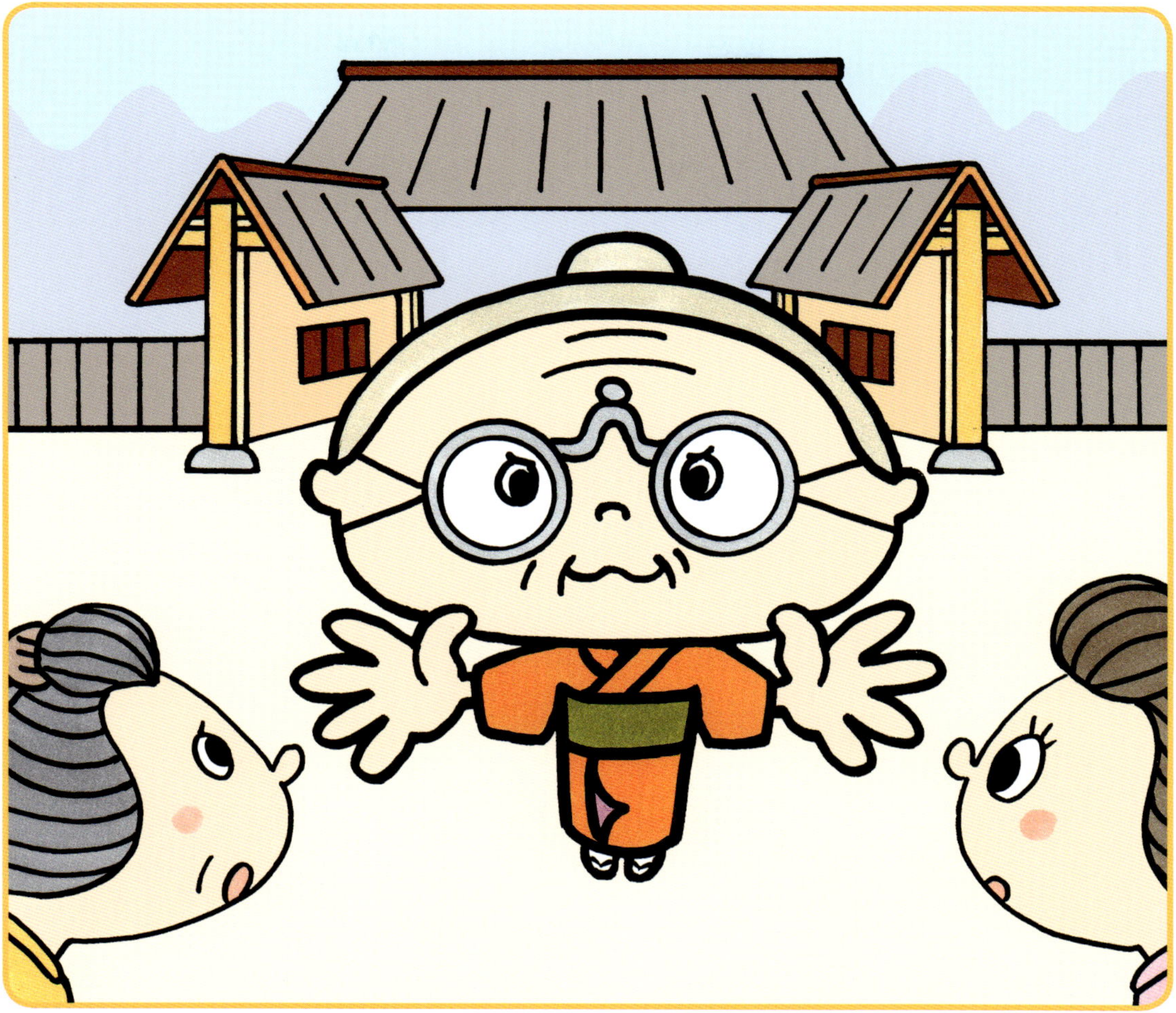

五人組《ごにんぐみ》

べつに、仲《なか》よしというわけじゃないんだ

なにをするにも、おれたちの連帯責任《れんたいせきにん》なんだよ。年貢《ねんぐ》を納《おさ》めるのも、犯罪者《はんざいしゃ》や隠《かく》れキリシタンを見《み》つけるのもね。

「となり近所《きんじょ》、助《たす》け合《あ》って」ということになっているけどさぁ。ほんとうは、お互《たが》いを監視《かんし》し合《あ》って、ご法度《はっと》を守《まも》らせるための仕組《しく》みさ。

五人組帳《ごにんぐみちょう》という帳簿《ちょうぼ》に、おれたちが名前《なまえ》を書《か》いて約束《やくそく》するんだよね。その前書《まえがき》に、守《まも》るべきことがらが細《こま》かく書《か》いてある。庄屋《しょうや》さまがおれたちを呼《よ》んで、意味《いみ》を教《おし》えてくれるんだよ。

キリシタンはだめだとか農地《のうち》を売《う》るなとか、結婚式《けっこんしき》は質素《しっそ》にしろとか、鉄砲《てっぽう》を持《も》ってはだめとか、年貢《ねんぐ》はちゃんと納《おさ》めろとか、賭《か》けごとや娯楽《ごらく》の禁止《きんし》などなどなど。百《ひゃっ》か条以上《じょういじょう》もあるんだから、みんな、がんじがらめだね。

なんでも、だめだめだめっていわれなくても、おれたち百姓《ひゃくしょう》には楽《たの》しみなんかないねぇ。365日《にち》、働《はたら》きつづけるだけだ。村《むら》から出《で》て行《い》った者《もの》や入《はい》ってくる者《もの》はお上《かみ》に知《し》らせろとかもあるし、自由《じゆう》なんてあるわけないさ。

農村《のうそん》では農地《のうち》を持《も》っている隣近所《となりきんじょ》の5軒単位《けんたんい》で、町場《まちば》では家《いえ》を持《も》っている人《ひと》の5軒単位《けんたんい》でつくられたんだよね、おれたちはさぁ。

江戸時代《えどじだい》の末端《まったん》の統治制度《とうちせいど》

・安土桃山時代《あづちももやまじだい》から江戸時代初期《えどじだいしょき》にかけては、十人組《じゅうにんぐみ》での自治組織《じちそしき》だった。明治以降《めいじいこう》、廃藩置県《はいはんちけん》で制度上《せいどじょう》はなくなったが、戦争中《せんそうちゅう》に「隣組《となりぐみ》」として復活《ふっかつ》した。

五人組
ごにんぐみ

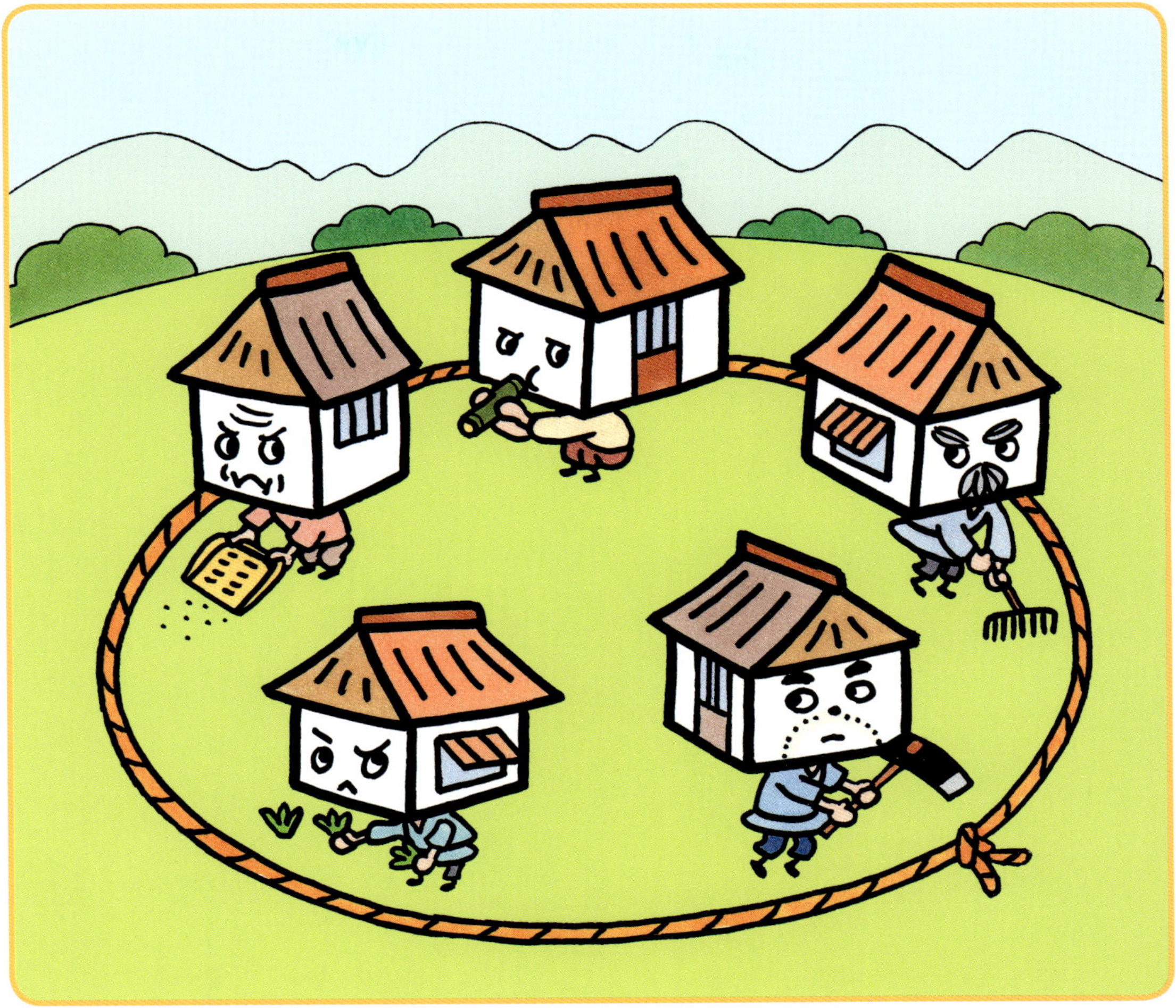

高札《こうさつ》

立《た》ちどまって、見上《みあ》げるべし

それがしが立《た》っているところは「高札場《こうさつば》」でござる。街道沿《かいどうぞ》いの宿場《しゅくば》や橋《はし》のたもと、村《むら》の中心地《ちゅうしんち》など、人目《ひとめ》をひく場所《ばしょ》にある。正体《しょうたい》はなにか、とな？　名《な》は、高札《こうさつ》。お上《かみ》が「定《さだめ》」をしたためて下々《しもじも》に伝《つた》える、掲示板《けいじばん》でござる。たとえば、「盗《ぬす》みをしてはならぬ」「放火《ほうか》をしてはならぬ」「人殺《ひとごろ》しをしてはならぬ」などの道徳観《どうとくかん》を示《しめ》す。人殺《ひとごろ》しや盗人《ぬすっと》の輩《やから》がさらし首《くび》になり申《もう》した罪状《ざいじょう》も、こと細《こま》かく書《か》き記《しる》す。悪党《あくとう》の最期《さいご》を知《し》らしめ、悪《あく》の道《みち》に走《はし》らぬよう教《おし》え導《みちび》くためでござる。

道中駕籠《どうちゅうかご》の運賃値上《うんちんねあ》げの通告《つうこく》も、それがしの役目《やくめ》。駕籠《かご》に乗《の》る者《もの》が困《こま》ろうが困《こま》るまいが、お上《かみ》が定《さだ》めた命令《めいれい》は絶対《ぜったい》。みな従《したが》わねばならぬ。

1段高《だんたか》いところから、集《あつ》まった者《もの》どもがどんな顔《かお》をして読《よ》むのか見下《みお》ろすのじゃ。自分《じぶん》がえらくなったようで、それはそれは気持《きも》ちのいいものでござるよ。お上《かみ》のご威光《いこう》を下々《しもじも》に行《い》きとどかせるのが、それがしゆえ、公方《くぼう》さまのお膝元《ひざもと》の江戸《えど》には、人通《ひとどお》りの多《おお》い日本橋《にほんばし》のたもとなど6か所《しょ》の大高札場《だいこうさつば》と、35か所《しょ》の高札場《こうさつば》があるのでござるよ。

♠永《なが》らく続《つづ》いた、お上《かみ》の権威《けんい》の示《しめ》し方《かた》

・明治政府《めいじせいふ》が天皇《てんのう》の名《な》の下《もと》で神《かみ》に誓《ちか》った政治方針《せいじほうしん》「五か条《じょう》の御誓文《ごせいもん》」は、欧米《おうべい》を手本《てほん》に、開《ひら》けた考《かんが》え方《かた》を取《と》り入《い》れようとするものであった。しかし庶民《しょみん》へは、江戸幕府《えどばくふ》の政策内容《せいさくないよう》と変《か》わらないような各種禁止令《かくしゅきんしれい》が、「五榜《ごぼう》の掲示《けいじ》」という5枚《まい》の高札《こうさつ》の形《かたち》で示《しめ》された。それらすべてが撤去《てっきょ》され、内容《ないよう》も消滅《しょうめつ》したのは、1873（明治《めいじ》6）年《ねん》だった。

高札
<small>こうさつ</small>

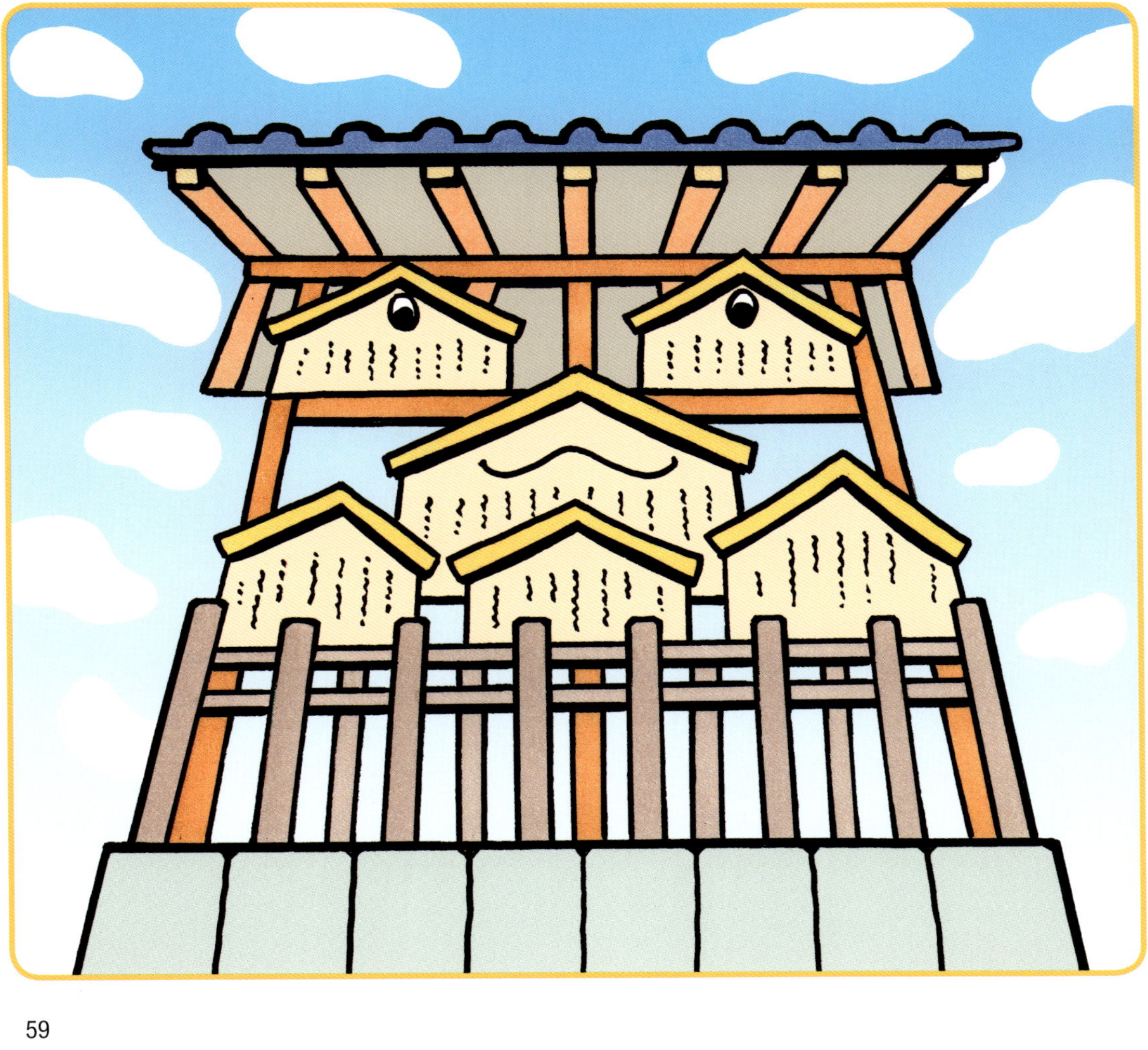

飛脚《ひきゃく》

お～い、みんなぁ、よけとくれ～

わしらは、継飛脚《つぎびきゃく》といわれた、幕府御用達《ばくふごようたし》の郵便配達人《ゆうびんはいたつにん》でさぁ。

江戸幕府《えどばくふ》が始《はじ》まると、東海道《とうかいどう》などおもな街道《かいどう》は、道幅《みちはば》6間《けん》（約《やく》11メートル）で整《ととの》えられた。その道《みち》には1里《り》（約《やく》4キロ）ごとに「一里塚《いちりづか》」や、数里《すうり》ごとの宿場《しゅくば》が設《もう》けられて、わしらは宿場《しゅくば》にいる。

荷受《にう》けすると、二人組《ふたりぐみ》で交代《こうたい》しながら文書《ぶんしょ》を担《かつ》いで走《はし》るんでさぁ。夜《よる》は、一人《ひとり》が「御用《ごよう》」と書《か》いた高張提灯《たかはりぢょうちん》を掲《かか》げて先《さき》に走《はし》る。幕府《ばくふ》の御用《ごよう》だから、街《かい》道《どう》を行《い》く人《ひと》もよけてくれるのだよ。昼《ひる》といわず夜《よる》といわず、次《つぎ》の宿場《しゅくば》の問屋《とい》場《ば》に駆《か》けこむと、また二人組《ふたりぐみ》が引《ひ》き継《つ》ぐ。川《かわ》も優先《ゆうせん》して渡《わた》れるしな。江戸《えど》から京《きょう》や大坂《おおさか》（現《げん》・大阪《おおさか》）までリレー式《しき》に駆《か》けぬけていくのだ。駅伝《えきでん》みたいだろ。

のちに大名《だいみょう》たちは大名飛脚《だいみょうびきゃく》を、町人《ちょうにん》たちは町飛脚《まちびきゃく》を始《はじ》めたねぇ。町飛脚《まちびきゃく》は、最初《さいしょ》は月《つき》に3度《ど》の定期便《ていきびん》だったのが、やがて月《つき》に20便《びん》も出《で》るようになったさ。

何日《なんにち》で運《はこ》ぶかは、値段《ねだん》によってちがってな。江戸《えど》から大坂《おおさか》まで片道《かたみち》25日《にち》はかかる「並便《なみびん》」の料金《りょうきん》が、いちばんお安《やす》いねぇ。仲間《なかま》には、現金《げんきん》を運《はこ》ぶ金飛脚《かねびきゃく》や、大坂《おおさか》の米相場情報《こめそうばじょうほう》を定期的《ていきてき》に伝達《でんたつ》する米飛脚《こめびきゃく》も現《あらわ》れて、みんないそがしく駆《か》けてるってわけさぁ。

♠宅配便《たくはいびん》もやります、さらに遠《とお》くへも行《い》きます

・宿場《しゅくば》には、必要《ひつよう》に応《おう》じて荷物《にもつ》を運《はこ》ぶ馬《うま》（伝馬《てんま》）もいたが、エサを与《あた》えたり荷《に》を移《うつ》し替《か》える手間《てま》もかかるので輸送料金《ゆそうりょうきん》は高《たか》く、目方《めかた》が軽《かる》い物《もの》や高価《こうか》な品《しな》に利用《りよう》された。

・町飛脚《まちびきゃく》が行《い》かない山村《さんそん》などでは、村《むら》から村《むら》へと継《つ》ぎ送《おく》る「村継《むらつ》ぎ」が行《おこな》われた。

飛脚
ひきゃく

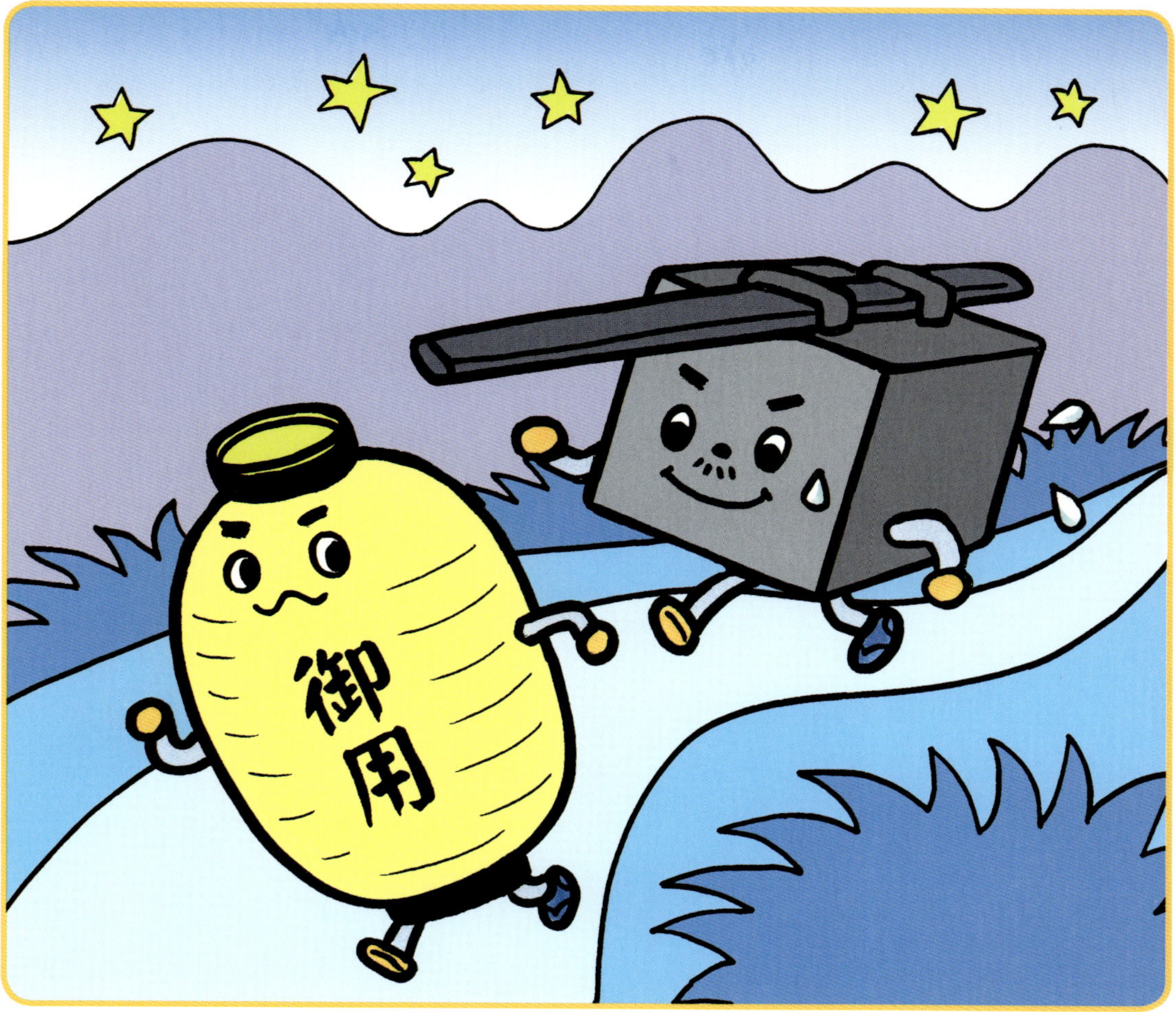

鎖国《さこく》

太平《たいへい》の世《よ》を守《まも》りました

わたしは、3代将軍徳川家光《だいしょうぐんとくがわいえみつ》さまのころに、ほぼ形《かたち》が整《ととの》いました。平戸《ひらど》にあったオランダ商館《しょうかん》を、1641(寛永《かんえい》18)年《ねん》に、長崎《ながさき》の出島《でじま》に移《うつ》したことでね。初代将軍《しょだいしょうぐん》の家康《いえやす》さまのころにくらべ、外国貿易《がいこくぼうえき》の窓口《まどぐち》を制限《せいげん》したのです。

まったくおつきあいをやめたわけじゃないのですよ。オランダ、中国《ちゅうごく》とは長崎《ながさき》で幕府《ばくふ》が直接交易《ちょくせつこうえき》をしましたし、朝鮮《ちょうせん》とは対馬藩《つしまはん》、琉球《りゅうきゅう》とは薩摩藩《さつまはん》、アイヌ民族《みんぞく》とは松前藩《まつまえはん》を通《とお》して交易《こうえき》していました。

ただ、日本人《にほんじん》が国外《こくがい》に出《で》たり、外国人《がいこくじん》が日本《にほん》に来《く》るのは、キリスト教《きょう》が広《ひろ》がりすぎるといけない、国《くに》が乗《の》っ取《と》られたら大変《たいへん》だと、禁止《きんし》したのですよ、はい。豊臣秀吉《とよとみひでよし》さま、家康《いえやす》さまのころまでは、たびたび禁止令《きんしれい》が出《で》ながらも、貿易帰《ぼうえきがえ》りの日本船《にほんせん》が宣教師《せんきょうし》を乗《の》せてくるなどで、大名《だいみょう》にも信者《しんじゃ》がいたのですがね。お役目《やくめ》を任《まか》されて以来《いらい》わたしは、200年以上《ねんいじょう》もがんばりましたよ。

わたしのせいで、日本《にほん》が欧米《おうべい》の発達《はったつ》から取《と》り残《のこ》されたという人《ひと》がいますが、それは一方的《いっぽうてき》ですよ。たしかに、貿易《ぼうえき》の利益《りえき》も情報《じょうほう》も庶民《しょみん》はカヤの外《そと》でしたけど、日本独自《にほんどくじ》の文化《ぶんか》が守《まも》られたのは、わたしのおかげじゃありません?

鎖国《さこく》の終《お》わり

・1700年代《ねんだい》の終《お》わりごろから諸外国《しょがいこく》がさかんに国交《こっこう》や通商《つうしょう》を求《もと》めてきたが、幕府《ばくふ》は1825(文政《ぶんせい》8)年《ねん》に異国船打払令《いこくせんうちはらいれい》を発《はっ》する対応《たいおう》ぶりだった。1853(嘉永《かえい》6)年《ねん》の軍艦《ぐんかん》を率《ひき》いたペリーの来航《らいこう》、翌年《よくねん》の再来《さいらい》で、アメリカとの日米和親条約《にちべいわしんじょうやく》に調印《ちょういん》し、ようやく開国《かいこく》していくことになる。

鎖国《さこく》

人別帳《にんべつちょう》

江戸《えど》時代《じだい》の戸籍《こせき》調査《ちょうさ》ってとこだ

どうもおれは、疑《うたが》い深《ぶか》い性格《せいかく》で陰険《いんけん》なやつだと思《おも》われているようだ。1637（寛永《かんえい》14）年《ねん》の島原《しまばら》の乱《らん》以降《いこう》は、宗門改《しゅうもんあらため》（宗教調査《しゅうきょうちょうさ》）と一体《いったい》となって、犯罪者《はんざいしゃ》や流《なが》れ者《もの》の取《と》り締まりをしたのでね。年貢《ねんぐ》をしっかり集《あつ》め、キリシタンをなくすことも、おれの役回《やくまわ》りとなった。

ほんとうは几帳面《きちょうめん》な性格《せいかく》なのだが、そんなことは人《ひと》にはわからん。一人《ひとり》ひとりの生《う》まれた国《くに》や、宗門《しゅうもん》、檀那寺《だんなでら》（支援《しえん》をし、墓《はか》を管理《かんり》してもらう寺《てら》）、家《や》主《ぬし》の身分《みぶん》、家族《かぞく》の人数《にんずう》、近親者《きんしんしゃ》や同居人《どうきょにん》の名前《なまえ》、年齢《ねんれい》、職業《しょくぎょう》を、きちんと頭《あたま》の中《なか》にたたきこむ。馬《うま》や牛《うし》を持《も》っているかどうかまで覚《おぼ》えるんだから、そりゃあ、几帳面《きちょうめん》じゃなければ、できないってもんだ。

ただ、将軍《しょうぐん》さまがいる江戸《えど》は、おれを困《こま》らせるやっかいな町《まち》でねぇ。諸国《しょこく》から人《ひと》が集《あつ》まってくるし、「無宿《むしゅく》」という住所不定《じゅうしょふてい》の者《もの》たちまで大勢《おおぜい》住《す》んでいるからな。とても手《て》に負《お》えない。

8代将軍吉宗《だいしょうぐんよしむね》さまの時代《じだい》からは、子《ね》の年《とし》と午《うま》の年《とし》、つまり6年《ねん》ごとに、全《ぜん》国的《こくてき》に人別改《にんべつあらため》が行《おこな》われることに落《お》ち着《つ》いたもんだ。おれがお役御免《やくごめん》になったのは、江戸《えど》時代《じだい》が終《お》わって、明治《めいじ》時代《じだい》になったときだったな。

◆「人別改《にんべつあらため》」とは、「人口調査《じんこうちょうさ》」のこと

・江戸時代初期《えどじだいしょき》から幕府《ばくふ》の命《めい》で大規模《だいきぼ》に、町村単位《ちょうそんたんい》で町年寄《まちどしより》などが帳面《ちょうめん》を作成《さくせい》した。それとは別制度《べつせいど》だった宗門改《しゅうもんあらため》は江戸中期以降《えどちゅうきいこう》は意義《いぎ》が薄《うす》れ、人別帳内《にんべつちょうない》の付記情報《ふきじょうほう》になり、1873（明治《めいじ》6）年《ねん》のキリシタン禁制《きんせい》の高札撤去《こうさつてっきょ》とともに、制度廃止《せいどはいし》に。

人別帳
にんべつちょう

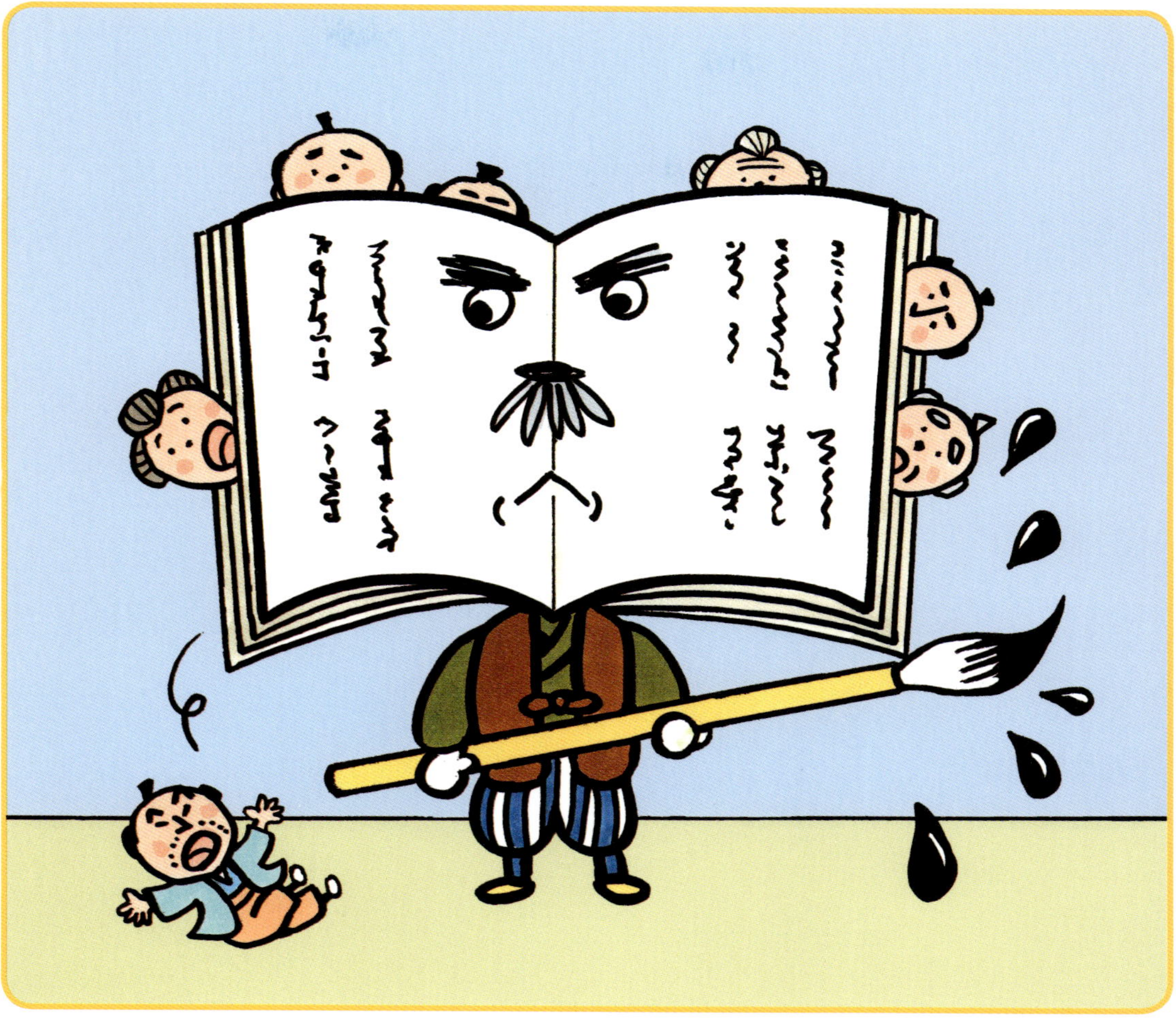

出版統制令《しゅっぱんとうせいれい》

表現《ひょうげん》の自由《じゆう》をうばったのだ

「老中《ろうじゅう》」という幕府《ばくふ》のえらいお役目《やくめ》についた松平定信《まつだいらさだのぶ》さまが、おれさまを誕《たん》生《じょう》させたんだが、江戸《えど》の庶民《しょみん》からは、まったくの嫌《きら》われ者《もの》だ。なにしろ、定《さだ》信《のぶ》さまに憎《にく》まれて老中職《ろうじゅうしょく》を追《お》われた田沼意次《たぬまおきつぐ》さまの時代《じだい》は、庶民文化《しょみんぶんか》の黄金《おうごん》時代《じだい》だったからねぇ。商人《しょうにん》たちが栄《さか》えて、金《かね》を惜《お》しまず本《ほん》を買《か》いあさったんで、出版業界《しゅっぱんぎょうかい》や浮世絵《うきよえ》の作家《さっか》たちも大繁盛《だいはんじょう》だった。そういう自由《じゆう》な文化《ぶんか》を、定信《さだのぶ》さまは認《みと》めなかったのだよ。おれさまは「寛政《かんせい》の改革《かいかく》」のひとつってわけ。政治《せいじ》への批判《ひはん》や風刺《ふうし》（遠回《とおまわ》しな批評《ひひょう》）は禁止《きんし》。役者絵《やくしゃえ》や美人画《びじんが》は風紀《ふうき》を乱《みだ》すからダメとかで、出版元《しゅっぱんもと》も処罰《しょばつ》の対象《たいしょう》。あげくには農村《のうそん》の芝居《しばい》まで禁止《きんし》だ。なにしろおれさまは、幕府《ばくふ》の忠実《ちゅうじつ》な手先《てさき》だからな。にらみをきかして、にぎやかな文化《ぶんか》の火《ひ》を消《け》したのさ。山東京伝《さんとうきょうでん》のような人気作家《にんきさっか》にも手錠《てじょう》をはめたね。

結局《けっきょく》、6年《ねん》ほどで定信《さだのぶ》さまは職《しょく》を追《お》われたが、今度《こんど》は水野忠邦《みずのただくに》さまが老中《ろうじゅう》になっての「天保《てんぽう》の改革《かいかく》」の始《はじ》まりだ。またまたおれさまが引《ひ》っぱり出《だ》されて、定信《さだのぶ》さま以上《いじょう》の出版統制《しゅっぱんとうせい》をやったもんだよ。ちと厳《きび》しすぎなんだがねぇ。

♠何度《なんど》も出《だ》された出版統制令《しゅっぱんとうせいれい》

・8代将軍吉宗《だいしょうぐんよしむね》の享保時代《きょうほうじだい》（1716～1735年《ねん》）にも、実用性《じつようせい》の低《ひく》い本《ほん》は統制《とうせい》されていた。その後《ご》の寛政《かんせい》の改革《かいかく》では1790（寛政《かんせい》2）年《ねん》に、新規出版《しんきしゅっぱん》の原則禁止《げんそくきんし》、子《こ》どものため以外《いがい》の本《ほん》の禁止《きんし》、噂《うわさ》を写本《しゃほん》にして貸《か》し出《だ》すことの禁止《きんし》、作者《さくしゃ》のわからないものの売買《ばいばい》が禁止《きんし》に。統制《とうせい》は、天保《てんぽう》の改革《かいかく》（1830～1843年《ねん》）でも行《おこな》われた。

出版統制令《しゅっぱんとうせいれい》

目《め》安《やす》箱《ばこ》

要求《ようきゅう》や不満《ふまん》を、将軍《しょうぐん》さまに直《じか》にお伝《つた》えします

8代《だい》将軍《しょうぐん》吉宗《よしむね》さまによって、江戸《えど》城《じょう》の辰《たつ》ノ口《くち》の評定所《ひょうじょうしょ》前《まえ》に設《もう》けられた「箱《はこ》」でございます。のちの人《ひと》たちからは「目安箱《めやすばこ》」と呼《よ》ばれるようになりますがね。将軍《しょうぐん》さまに訴《うった》えたいことを書《か》いて、わたしに入《い》れてもらえれば、まちがいなく取《と》り次《つ》ぎますよ。途中《とちゅう》で役人《やくにん》たちが勝手《かって》に開《あ》けないよう、それはそれは厳重《げんじゅう》に保管《ほかん》してね。訴状《そじょう》には必《かなら》ず、名前《なまえ》や住所《じゅうしょ》を正《ただ》しく書《か》いてもらいます。もしうそだったりしたら、破《やぶ》り捨《す》てられてしまいますから。

将軍《しょうぐん》さまは将軍《しょうぐん》さまで、その訴《うった》えがほんとうかどうか、お庭番《にわばん》にたしかめさせます。お庭番《にわばん》としてお勤《つと》めしているのは、忍者《にんじゃ》じゃありませんよ。将軍《しょうぐん》さまが信頼《しんらい》する、特命《とくめい》の監察官《かんさつかん》といったらいいでしょうかねぇ。

赤《あか》ひげ先生《せんせい》の名《な》で知《し》られた漢方医《かんぽうい》の小川笙船《おがわしょうせん》さんがわたしに訴《うった》えた際《さい》には、南町奉行《みなみまちぶぎょう》の大岡越前守《おおおかえちぜんのかみ》さまが、小石川養生所《こいしかわようじょうしょ》を実現《じつげん》させました。火消組合《ひけしくみあい》が整備《せいび》されたのも、わたしと大岡越前守《おおおかえちぜんのかみ》さまの連携《れんけい》プレーからなのですよ。

わたしは、その後《ご》もずっと、いいアイディアだと活用《かつよう》されましてねぇ。いまでも、中央省庁《ちゅうおうしょうちょう》や市役所《しやくしょ》などで、みなさまのご意見《いけん》をお待《ま》ちしていますよ。

♠評定所《ひょうじょうしょ》と小石川養生所《こいしかわようじょうしょ》

・評定所《ひょうじょうしょ》は江戸《えど》時代《じだい》の最高裁判所《さいこうさいばんしょ》のようなもの。構成員《こうせいいん》の中心《ちゅうしん》は寺社奉行《じしゃぶぎょう》、町奉行《まちぶぎょう》、勘《かん》定奉行《じょうぶぎょう》。これに大目付《おおめつけ》、目付《めつけ》がいて、事件《じけん》の重要度《じゅうようど》によって合議《ごうぎ》した。

・小石川養生所《こいしかわようじょうしょ》は、1722（享保《きょうほう》7）年《ねん》につくられた、貧《まず》しい人《ひと》たちを救済《きゅうさい》する無《む》料《りょう》の医療《いりょう》施設《しせつ》。

目安箱
めやすばこ

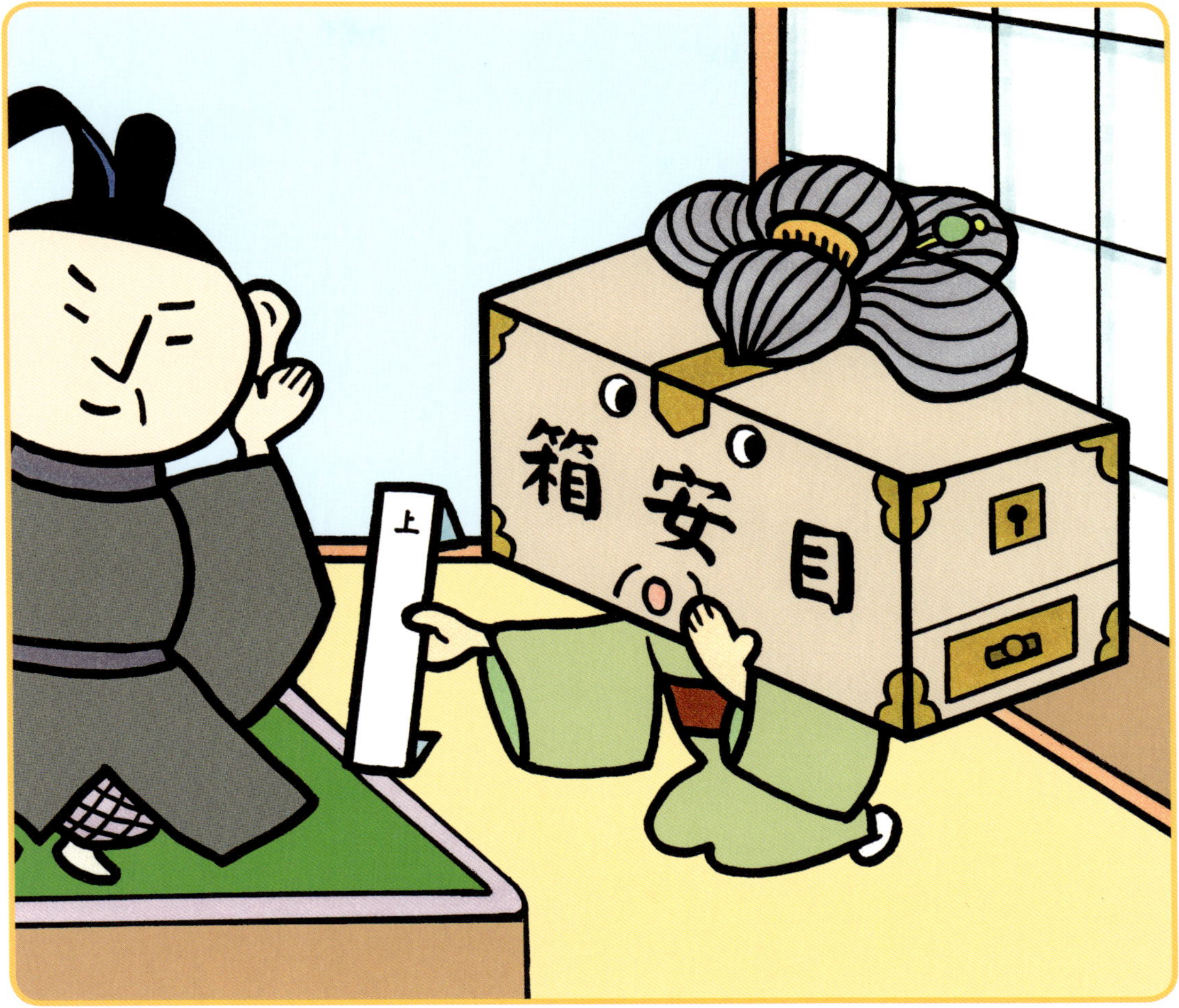

金座《きんざ》

たしかなお金《かね》をつくるために

わしは金《きん》でできているお金《かね》で、元禄小判《げんろくこばん》と申《もう》す。江戸時代《えどじだい》の始《はじ》まりから90年《ねん》以上《いじょう》も働《はたら》いてきた慶長小判《けいちょうこばん》さんと額面《がくめん》は同《おな》じ、1両小判《りょうこばん》じゃ。金《きん》の純度《じゅんど》の高《たか》かった慶長《けいちょう》さんよりは、混《ま》じりっけがあるがの。

わしらが生《う》まれる工場《こうば》は金座《きんざ》というて、職人《しょくにん》たちは厳《きび》しく管理《かんり》されとる。わしを隠《かく》し持《も》って帰《かえ》られては困《こま》るんで、仕事《しごと》を終《お》えて作業着《さぎょうぎ》から私服《しふく》に着替《きが》える前《まえ》に裸《はだか》で検査《けんさ》を受《う》けたり、水《みず》うがいをして口《くち》の中《なか》に隠《かく》してないかを調《しら》べたり。弁当箱《べんとうばこ》も、帰《かえ》る前《まえ》に空《から》っぽかどうか確認《かくにん》される徹底《てってい》ぶりじゃ。

わしはといえば、ひととおり出来《でき》あがると、御金改役《ごきんあらためやく》の後藤家《ごとうけ》の役人《やくにん》の鑑《かん》定《てい》を受《う》ける。仕上《しあ》げの極印《ごくいん》を打《う》ってもらえれば、ひと安心《あんしん》。

町《まち》に出《で》ると、千両箱《せんりょうばこ》に入《い》れられて、大店《おおだな》の蔵《くら》に積《つ》まれたりする。1000枚《まい》の仲間《なかま》と一緒《いっしょ》におるときは、たびたび盗人《ぬすっと》どもにねらわれるのが恐《おそ》ろしいわい。一族《いちぞく》には、墨《すみ》で「拾両後藤《じゅうりょうごとう》」と、額面《がくめん》（拾両《じゅうりょう》は10両《りょう》の意味《いみ》）と後藤家《ごとうけ》の家名《かめい》を書《か》かれる大判《おおばん》もいるんじゃが、彼《かれ》は、恩賞《おんしょう》や献上用《けんじょうよう》の場面《ばめん》でしかお呼《よ》びがかからん。優雅《ゆうが》なものじゃ。

♠つくるのも直《なお》すのも、おまかせ

・金座《きんざ》は、徳川家康《とくがわいえやす》が、京《きょう》の金匠《きんしょう》だった後藤庄三郎《ごとうしょうざぶろう》を招《まね》いて小判《こばん》を鋳造《ちゅうぞう》させたのが始《はじ》まり。金座役人《きんざやくにん》は後藤家《ごとうけ》が代々世襲《だいだいせしゅう》することになった。

・ながらく町《まち》に出回《でまわ》って破損《はそん》した慶長小判《けいちょうこばん》は、金座《きんざ》で金《きん》を足《た》して修理《しゅうり》された。また、墨《すみ》書《が》きが薄《うす》れてしまった大判《おおばん》は、持《も》ち主《ぬし》がお金《かね》を払《はら》って、書《か》き直《なお》してもらった。

金座
きんざ

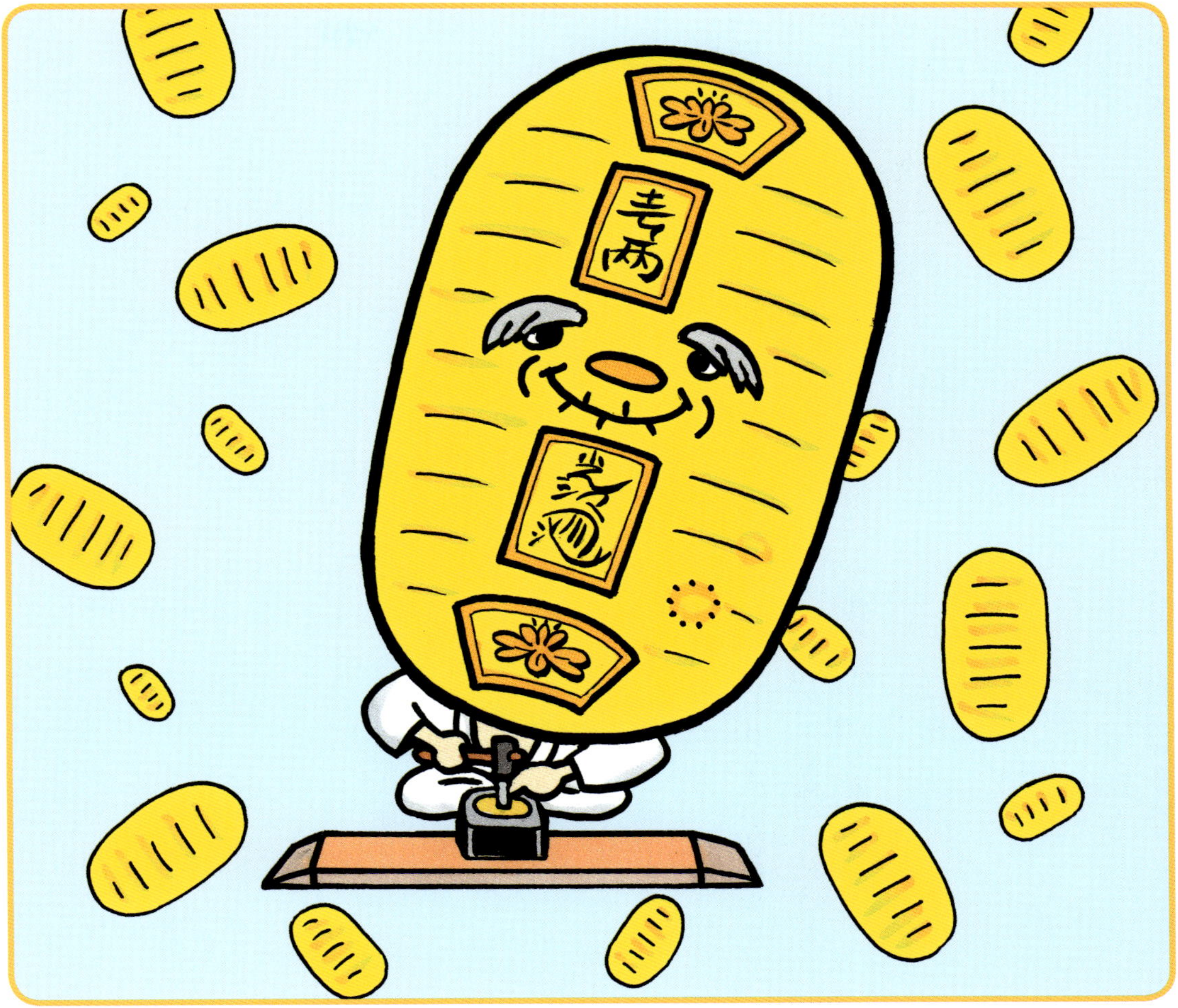

4章《しょう》

国《くに》の決《き》まりごと2

●明治《めいじ》からいま

国《くに》には国《くに》のそれぞれの決《き》まりごとがあります。世界《せかい》を見《み》てみましょう。子《こ》どもが生《う》まれても届《とど》け出《で》の制度《せいど》が整《ととの》っていない国《くに》、教育制度《きょういくせいど》がいきわたらない国《くに》、戸籍《こせき》がない国《くに》など、わたしたちの国《くに》と大《おお》きくちがうところはいろいろあります。

「国《くに》の決《き》まりごと」というとなんだか堅苦《かたくる》しいようですが、世界一幸《せかいいちしあわ》せの国《くに》と呼《よ》ばれるアジアのブータンには、「国民《こくみん》総幸福量《そうこうふくりょう》」（GNH《ジーエヌエッチ》）の最大《さいだい》化《か》を目標《もくひょう》にするという決《き》まりごとがあるんですよ。日本《にほん》の決《き》まりごとも、国民《こくみん》の幸《しあわ》せにつながるものであってほしいですね。

シルエットクイズ4 わたしはだれ？（答《こた》えは94、95ページ）

③

11月最初《がつさいしょ》の祝日《しゅくじつ》といえば？

①

みんな使《つか》える、日本《にほん》のことば

④

契約《けいやく》の最後《さいご》に、赤《あか》くひと押《お》し

②

人口《じんこう》のようすを知《し》るために

名字《みょうじ》

悩《なや》まず名《な》乗《の》れるようになりました

「お名前《なまえ》は？」と聞《き》かれたら、「はい、佐藤花子《さとうはなこ》です」みたいに答《こた》えるだろ？わしはその名字《みょうじ》の佐藤《さとう》だ。「苗字《みょうじ》」とする時代《じだい》もあった。1875（明治《めいじ》8）年《ねん》に政府《せいふ》は、「必《かなら》ず苗字《みょうじ》をつくること」とした。祖先《そせん》の苗字《みょうじ》がわからないときは、新《あたら》しく設《もう》けること」とした。日本《にほん》が近代化《きんだいか》をめざして国民《こくみん》の権利《けんり》を保証《ほしょう》していくころだったわけだが、なかには徴兵制《ちょうへいせい》をしいて軍隊《ぐんたい》をつくるためだろうという人《ひと》もいたわい。ともかく、それでわしらも公《おおやけ》の場《ば》に出《で》られるようになった。

江戸時代《えどじだい》の庶民《しょみん》も、わしらを持《も》ってはいたぞ。ただし、正式《せいしき》な場《ば》でそれを名《な》乗《の》ることが許《ゆる》されていたのは、武士《ぶし》や公家《くげ》、幕府《ばくふ》を助《たす》けるためにお金《かね》を出《だ》した大店《おおだな》の商人《しょうにん》などで、彼《かれ》らの特権《とっけん》だったというわけだ。

そのまた昔《むかし》は、源氏《げんじ》・平氏《へいし》・藤原氏《ふじわらし》・橘氏《たちばなし》の「四姓《しせい》」が有名《ゆうめい》な家名《かめい》であった。「○○の藤原《ふじわら》」という意味《いみ》で派生《はせい》した「藤《ふじ》」がつくものは16藤《とう》とか32藤《とう》といわれるほど多《おお》い。役職由来《やくしょくゆらい》の、内舎人《うちとねり》の藤原《ふじわら》＝内藤《ないとう》、左衛門尉《さえもんのじょう》の藤原《ふじわら》＝佐藤《さとう》。国《くに》や土地《とち》に根《ね》ざす、近江国《おうみのくに》（滋賀県《しがけん》）の近藤《こんどう》や、加賀国《かがのくに》（石川県《いしかわけん》）の加《か》藤《とう》。地方《ちほう》の豪族《ごうぞく》との結《むす》びつきで、安倍《あべ》＋藤原《ふじわら》＝安藤《あんどう》などだ。最近《さいきん》は、外国人《がいこくじん》が日本国籍《にほんこくせき》を取得《しゅとく》するときのカタカナの仲間《なかま》も加《くわ》わっておるぞ。

名字《みょうじ》と名前《なまえ》の組《く》み合《あ》わせあれこれ

・明治《めいじ》の当初《とうしょ》は夫婦別姓《ふうふべっせい》と定《さだ》め、妻《つま》は結婚後《けっこんご》も実家《じっか》の名字《みょうじ》のままだったが、1898（明治《めいじ》31）年《ねん》の法律《ほうりつ》で、現在《げんざい》のように夫婦《ふうふ》で同《おな》じ名字《みょうじ》を名乗《なの》ることになった。

・書類《しょるい》には、「氏名《しめい》」欄《らん》、「姓名《せいめい》」欄《らん》、「名前《なまえ》」欄《らん》など、いまも各種《かくしゅ》の表記《ひょうき》がある。

名字
(みょうじ)

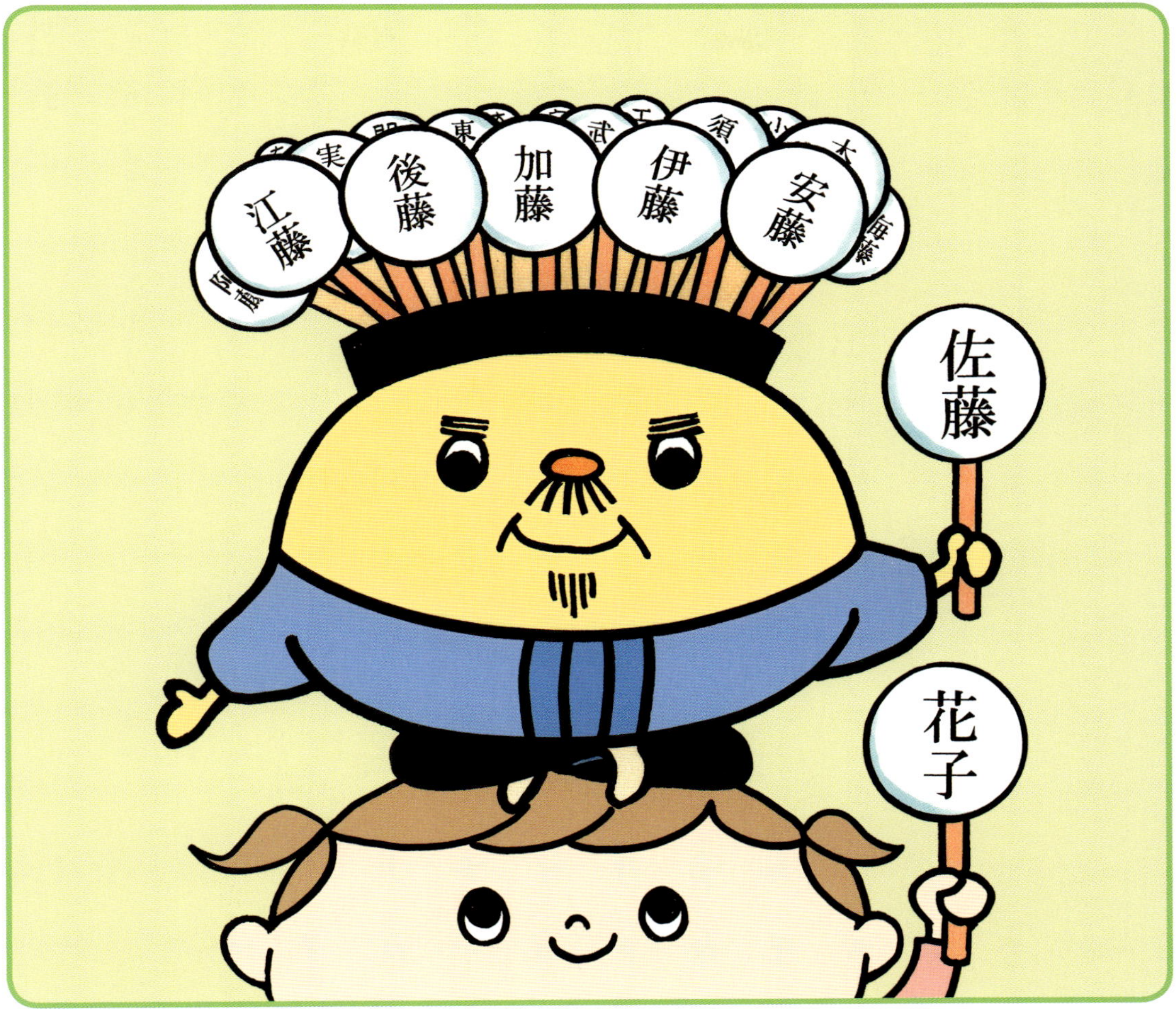

標準語《ひょうじゅんご》

いまは共通語《きょうつうご》といわれています

わたしが生《う》まれる前《まえ》の話《はなし》ですが……。

徳川幕府《とくがわばくふ》がたおれて間《ま》もない時代《じだい》というのは、大変《たいへん》な混乱期《こんらんき》でした。江戸《えど》260年《ねん》の秩序《ちつじょ》がなくなったわけですからねぇ、言葉《ことば》も例外《れいがい》ではありません。それまでの身分制度《みぶんせいど》の下《もと》では、立場《たちば》や地域《ちいき》によって言葉《ことば》が大《おお》きくちがいました。高《たか》い身分《みぶん》の中《なか》でも、宮中《きゅうちゅう》では京言葉《きょうことば》、中央政府《ちゅうおうせいふ》ではおもに薩摩《さつま》や長州《ちょうしゅう》の言葉《ことば》。文字《もじ》の読《よ》み書《か》きは、すでに各地《かくち》の藩校《はんこう》や寺子屋《てらこや》で学《まな》んでいましたが、書《か》き言葉《ことば》も、話《はな》し言葉《ことば》とはちがうわけでして。

明治《めいじ》になって、近代化《きんだいか》をめざすには言葉《ことば》も整《ととの》えようという文化人《ぶんかじん》が何人《なんにん》も現《あらわ》れたんですよ。「表記《ひょうき》は、平仮名《ひらがな》だけに」「いや、漢字《かんじ》を減《へ》らせばいい」「ローマ字《じ》を使《つか》おう」とか、「話《はな》し言葉《ことば》は、人《ひと》の交流《こうりゅう》の場《ば》を活発化《かっぱつか》させれば自然《しぜん》に整《ととの》う」「いや、中央語《ちゅうおうご》を指導《しどう》すべきだ」など多《おお》くの意見《いけん》が飛《と》び交《か》ったものです。何十年《なんじゅうねん》もの論議《ろんぎ》の末《すえ》に、やがて東京語《とうきょうご》から方言《ほうげん》を抜《ぬ》いた言葉《ことば》が、小学校《しょうがっこう》の国語教科書《こくごきょうかしょ》にもなり、それで、わたしが誕生《たんじょう》したのです。

いまでは、義務教育《ぎむきょういく》の国語教科書《こくごきょうかしょ》の中味《なかみ》を決《き》める国語審議会《こくごしんぎかい》とＮＨＫ《エヌエッチケー》が、わたしの親分《おやぶん》みたいなものですね。方言《ほうげん》さんにもまた活気《かっき》が出《で》てきましたし、若《わか》い人《ひと》たちからの新語《しんご》も生《う》まれて、わたしも刺激《しげき》を受《う》けていますよ。

方言《ほうげん》への意識《いしき》の変《か》わり目《め》

・いまは見直《みなお》されている方言《ほうげん》だが、1902（明治《めいじ》35）年《ねん》ごろから標準語《ひょうじゅんご》がよしとされ、地方《ちほう》から大勢《おおぜい》の人《ひと》が出《で》て交《まじ》わるうちに、方言色《ほうげんしょく》は10年《ねん》ほどの短期間《たんきかん》で薄《うす》れていった。

標準語《ひょうじゅんご》

戸籍《こせき》

国民《こくみん》である証明書《しょうめいしょ》じゃ

わがはいは、日本国民《にほんこくみん》としての名前《なまえ》や生年月日《せいねんがっぴ》、本籍地《ほんせきち》などを明《あき》らかにする帳簿《ちょうぼ》じゃ。生《う》まれたときも死《し》んだときも、だれもがわがはいに報告《ほうこく》しなければならぬ。日本人《にほんじん》であることを公式《こうしき》に証明《しょうめい》するものなのじゃよ。

誕生《たんじょう》したのは、明治政府《めいじせいふ》ができてからだな。それ以来《いらい》、戸主《こしゅ》と呼《よ》ばれる一《いっ》家《か》の長《ちょう》が、家族《かぞく》を統率《とうそつ》してきた家《いえ》の歴史《れきし》を、わがはいに記《しる》していたのだが……。

第二次世界大戦後《だいにじせかいたいせんご》になって、家制度《いえせいど》が廃止《はいし》され、わがはいも生《う》まれ変《か》わった。家《いえ》とは関係《かんけい》なく、夫婦《ふうふ》と子《こ》どもを中心《ちゅうしん》にする世《よ》の中《なか》になったのだ。

子《こ》どもができたら名前《なまえ》と生年月日《せいねんがっぴ》が記《しる》されて、兄弟姉妹《きょうだいしまい》の関係《かんけい》もわかるようになっている。その子《こ》どもたちが結婚《けっこん》すると、わがはいも、次々《つぎつぎ》に分《わ》かれていくことになる。

わがはいが必要《ひつよう》なのはどんなときかって？ 結婚《けっこん》するとき、パスポートをとるとき、財産《ざいさん》を相続《そうぞく》するときなど、人生《じんせい》の大事《だいじ》な折々《おりおり》にある。

わがはいをたどっていけば、ある程度《ていど》は自分《じぶん》の家《いえ》の歴史《れきし》もわかるのじゃよ。

世界《せかい》でもめずらしい戸籍制度《こせきせいど》

・国民《こくみん》の登録管理《とうろくかんり》の方法《ほうほう》は国《くに》によってさまざまで、いまも戸籍制度《こせきせいど》があるのは、日本《にほん》と台湾《たいわん》のみ。現在《げんざい》の戸籍法《こせきほう》は、戦後《せんご》の1947（昭和《しょうわ》22）年《ねん》に新《あたら》しく制定《せいてい》された。

戸籍《こせき》

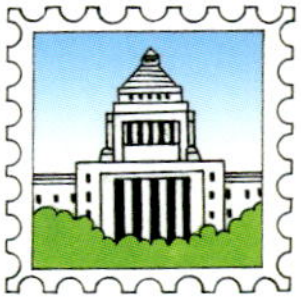

数《かぞ》え年《どし》と満年齢《まんねんれい》

あたしは何歳《なんさい》?

あたしは、数《かぞ》え年《どし》っていわれてます。満《まん》ちゃんと比較《ひかく》されたりすると、こんがらかっちゃうから教《おし》えてあげますね。

あたし的《てき》には、人《ひと》は生《う》まれたその日《ひ》に1歳《さい》なんです。で、それ以降《いこう》はもうお誕生日《たんじょうび》は関係《かんけい》なくなっちゃって、初《はじ》めてのお正月《しょうがつ》がきたときに2歳《さい》に。また次《つぎ》のお正月《しょうがつ》がきたら3歳《さい》になるわけです。

満《まん》ちゃんの数《かぞ》え方《かた》だと、生《う》まれたその日《ひ》は0歳《さい》で、1年《ねん》たった誕生日《たんじょうび》に1歳《さい》になるんでしょ? ってことは、もし大晦日《おおみそか》に生《う》まれたら、昔《むかし》は翌日《よくじつ》には2歳《さい》だったのが、いまは0歳《さい》ですよね。ずいぶん感覚《かんかく》がちがいますよねぇ。

満《まん》ちゃんは、自分《じぶん》は法律《ほうりつ》で決《き》まってることだから、あんたなんか引《ひ》っ込《こ》んでなさいよっていうけど、まだ、還暦祝《かんれきいわ》いや一周忌《いっしゅうき》の法事《ほうじ》に呼《よ》ばれますし、墓《ぼ》碑《ひ》に書《か》かれている亡《な》くなった歳《とし》は、あたしだったりします。七五三祝《しちごさんいわ》いを、3歳《さい》は満年齢《まんねんれい》でも、7歳《さい》は昔《むかし》からの数《かぞ》え年《どし》で祝《いわ》いたいっていう若《わか》い人《ひと》も、けっこういるんですよ。

日本《にほん》の伝統的《でんとうてき》なならわしって、いまもあたしががんばっているんですから、世《よ》の中《なか》、あまり四角四面《しかくしめん》に考《かんが》えなくてもいいと思《おも》いますねぇ。

♠「満年齢《まんねんれい》で」といわれたものの

・政府《せいふ》が、年齢《ねんれい》の数《かぞ》え方《かた》を改《あらた》めると最初《さいしょ》に布告《ふこく》したのは1873(明治《めいじ》6)年《ねん》だが、「年《ねん》齢《れい》のとなえ方《かた》に関《かん》する法律《ほうりつ》」での義務化《ぎむか》は、戦後《せんご》の1950(昭和《しょうわ》25)年《ねん》。以後《いご》定着《ていちゃく》していくが、冠婚葬祭《かんこんそうさい》ではなお、数《かぞ》え年《どし》で生《い》きてきた世代《せだい》の慣習《かんしゅう》の名残《なごり》がある。

数《かぞ》え年《どし》と満年齢《まんねんれい》

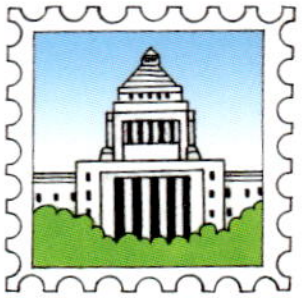

国勢調査《こくせいちょうさ》

この統計《とうけい》をもとに考《かんが》えるのです

わたしね、国《くに》の基本的人口《きほんてきじんこう》データの管理人《かんりにん》でございますの。

日本《にほん》では、わたしが必要《ひつよう》とされてからデビュー決定《けってい》まで20年《ねん》ほどかかりましたわ。せっかくの決定《けってい》も、二度《にど》の戦争《せんそう》にはばまれて、初仕事《はつしごと》はさらに20年《ねん》ほどあとの1920（大正《たいしょう》9）年《ねん》。世界人口《せかいじんこう》の10年《ねん》ごとの調査《ちょうさ》はすでに始《はじ》まっていて、この年《とし》に日本《にほん》もやっと、文明国《ぶんめいこく》の仲間入《なかまい》りをしたわけでございます。

1軒《けん》1軒《けん》に調査員《ちょうさいん》が行《い》くので、不安《ふあん》を取《と》りのぞこうとポスターが登場《とうじょう》。「社《しゃ》会《かい》のありのままを知《し》るためです。税金《ぜいきん》を取《と》ったり罪人《ざいにん》を探《さが》すためではありません」とね。10番《ばん》まである歌《うた》もつくりましたよ。

♪調査《ちょうさ》する日《ひ》が近《ちか》づかば／なるたけ旅行《りょこう》をせぬものぞ／火《ひ》の元用心第一《もとようじんだいいち》に／伝染病《でんせんびょう》にも気《き》をつけよ／これらの災《わざわ》い起《お》こりなば／調査《ちょうさ》のさまたげいかばかり

すごい歌詞《かし》でしょ。旗行列《はたぎょうれつ》に花電車《はなでんしゃ》、チンドン屋《や》も出《で》て宣伝《せんでん》したものです。

ちなみに、初回《しょかい》は26万人《まんにん》の調査員《ちょうさいん》で全国《ぜんこく》を調《しら》べました。震災《しんさい》で機械《きかい》が壊《こわ》れたりの手作業《てさぎょう》で、最終報告書《さいしゅうほうこくしょ》が出《で》たのはなんと12年後《ねんご》！　大変《たいへん》でしたわぁ。

集計《しゅうけい》の頻度《ひんど》とスピード化《か》

・西暦《せいれき》の下《しも》1桁《けた》が0の年《とし》ごとの大規模調査《だいきぼちょうさ》と、5年《ねん》ごとの簡易調査《かんいちょうさ》が実施《じっし》されている。

・世帯員本人《せたいいんほんにん》が記入《きにゅう》した調査票《ちょうさひょう》の郵送提出《ゆうそうていしゅつ》や、モデル地域《ちいき》でのインターネット回答《かいとう》の導《どう》入《にゅう》などが始《はじ》まっている。それにより、くわしい集計結果《しゅうけいけっか》はともかく、各地《かくち》の人口《じんこう》と世《せ》帯数《たいすう》の速報結果《そくほうけっか》は、ネット上《じょう》で3～4か月《げつ》ほどで公開《こうかい》できるようになった。

国勢調査《こくせいちょうさ》

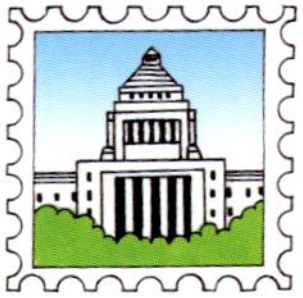

米穀通帳《べいこくつうちょう》

あなたに回《まわ》せるお米《こめ》の量《りょう》を記録《きろく》します

生《う》まれたのは1942（昭和《しょうわ》17）年《ねん》で、日本《にほん》は戦争《せんそう》の真《ま》っただ中《なか》。お米不足《こめぶそく》で、少《すこ》し前《まえ》から、国《くに》が価格《かかく》も量《りょう》も管理《かんり》していました。お百姓《ひゃくしょう》さんから買《か》い上《あ》げて各県《かくけん》に分配《ぶんぱい》し、それをお米屋《こめや》さんが精米《せいまい》して、わたしを持《も》って買《か》いにきた各家庭《かくかてい》に配給《はいきゅう》するという仕組《しく》み。「あれ？ 買《か》いに行《い》ってもタダでもらえるんだ」って？ いいえ、いまとは「配給《はいきゅう》」の意味《いみ》がちがいましてね、家族分《かぞくぶん》のお米代《こめだい》を支払《しはら》えば、国《くに》の決《き》めた必要量《ひつようりょう》をわけてもらえる、ということなんです。戦争《せんそう》が終《お》わっても急《きゅう》にお米《こめ》が増産《ぞうさん》できるわけでもありませんから、戦後《せんご》もわたしの出番《でばん》は続《つづ》きましたね。

そうそう、学生《がくせい》さんみたいに外食《がいしょく》する人《ひと》の場合《ばあい》は、実家《じっか》から送《おく》られてきた自分《じぶん》の分《ぶん》のお米《こめ》を食堂《しょくどう》に持参《じさん》したり、お役所《やくしょ》でもらう何枚《なんまい》つづりかの「外食券《がいしょくけん》」というお米《こめ》チケットで、料理代《りょうりだい》といっしょに支払《しはら》ったりしましたよ。カレーライスなんか、お米《こめ》がないとだめでしょう？

1972（昭和《しょうわ》47）年《ねん》にお米《こめ》が物価統制令《ぶっかとうせいれい》の対象《たいしょう》から外《はず》れ、スーパーでも自由《じゆう》に買《か》えるようになったとき、わたしはお役御免《やくごめん》になったんですが、その後《ご》も10年《ねん》ほど世《よ》に出続《でつづ》けたものです。ほんとに大事《だいじ》にされましたからねぇ。いまでも、家《いえ》のどこかで眠《ねむ》っているわたしがいると思《おも》いますよ。

♠身分証明書《みぶんしょうめいしょ》の役割《やくわり》も

・いまは健康保険証《けんこうほけんしょう》などの提示《ていじ》で身分《みぶん》を証明《しょうめい》するが、米穀通帳《べいこくつうちょう》がその役割《やくわり》を果《は》たしていたころは、家族《かぞく》の増減《ぞうげん》や引越《ひっこ》しなどの情報《じょうほう》も、通帳《つうちょう》に記載《きさい》されていた。

米穀通帳《べいこくつうちょう》

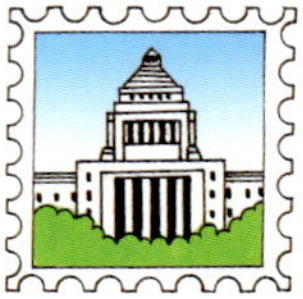

文化《ぶんか》の日《ひ》

自由《じゆう》と平和《へいわ》を愛《あい》し、文化《ぶんか》をすすめる日《ひ》

11月《がつ》3日《か》は、ぼくの誕生日《たんじょうび》。生《う》まれたのは、1946（昭和《しょうわ》21）年《ねん》さ。

第二次世界大戦《だいにじせかいたいせん》が終《お》わって、もう二度《にど》と戦争《せんそう》はしないと、新《あたら》しい憲法《けんぽう》がつくられた。その日本国憲法《にほんこくけんぽう》が公布《こうふ》されて、記念《きねん》にぼくの日《ひ》ができたんだよ。

国民《こくみん》の休日《きゅうじつ》のひとつだから、日本中《にほんじゅう》がお休《やす》み。誕生《たんじょう》ケーキもないけどね、1億人《おくにん》がお祝《いわ》いしてくれるんだよ。すごいだろ。

だからね、ぼくもみんなにお返《かえ》しをしてあげるんだ。博物館《はくぶつかん》や美術館《びじゅつかん》、公園《こうえん》など、無料《むりょう》にしてあげているよ。なにしろ「自由《じゆう》と平和《へいわ》を愛《あい》し、文化《ぶんか》をすすめる日《ひ》」なんだからね。

えっ、文化《ぶんか》ってなんだかわかるようで、わからない？

そうだねぇ、民族《みんぞく》や社会《しゃかい》の風習《ふうしゅう》、伝統《でんとう》や考《かんが》え方《かた》や価値観《かちかん》など、受《う》け継《つ》がれていくものといったらいいかなぁ。人間《にんげん》が手《て》をかけてつくりだしたもので、もとはラテン語《ご》の「耕作《こうさく》」という意味《いみ》なんだ。学問《がくもん》や芸術《げいじゅつ》、宗教《しゅうきょう》などといえば、なんとなくわかるだろ。文化《ぶんか》に貢献《こうけん》した人《ひと》には、文化勲章《ぶんかくんしょう》が与《あた》えられるしね。

文化《ぶんか》って、地域《ちいき》や国《くに》、民族《みんぞく》によってちがうものだから、そのちがいを認《みと》め合《あ》って、尊敬《そんけい》する心《こころ》について考《かんが》える日《ひ》が、ぼくかもしれないよ。

そもそもは……

・明治天皇《めいじてんのう》の誕生日《たんじょうび》で「明治節《めいじせつ》」と呼《よ》ばれる、国家《こっか》の祝日《しゅくじつ》だった。

幅広《はばひろ》く使《つか》われている言葉《ことば》、「文化《ぶんか》」

・「文化遺産《ぶんかいさん》」「若者文化《わかものぶんか》」「文化人《ぶんかじん》」「文化祭《ぶんかさい》」「文化住宅《ぶんかじゅうたく》」「文化鍋《ぶんかなべ》」「文化包丁《ぶんかぼうちょう》」など。

文化の日
ぶんかのひ

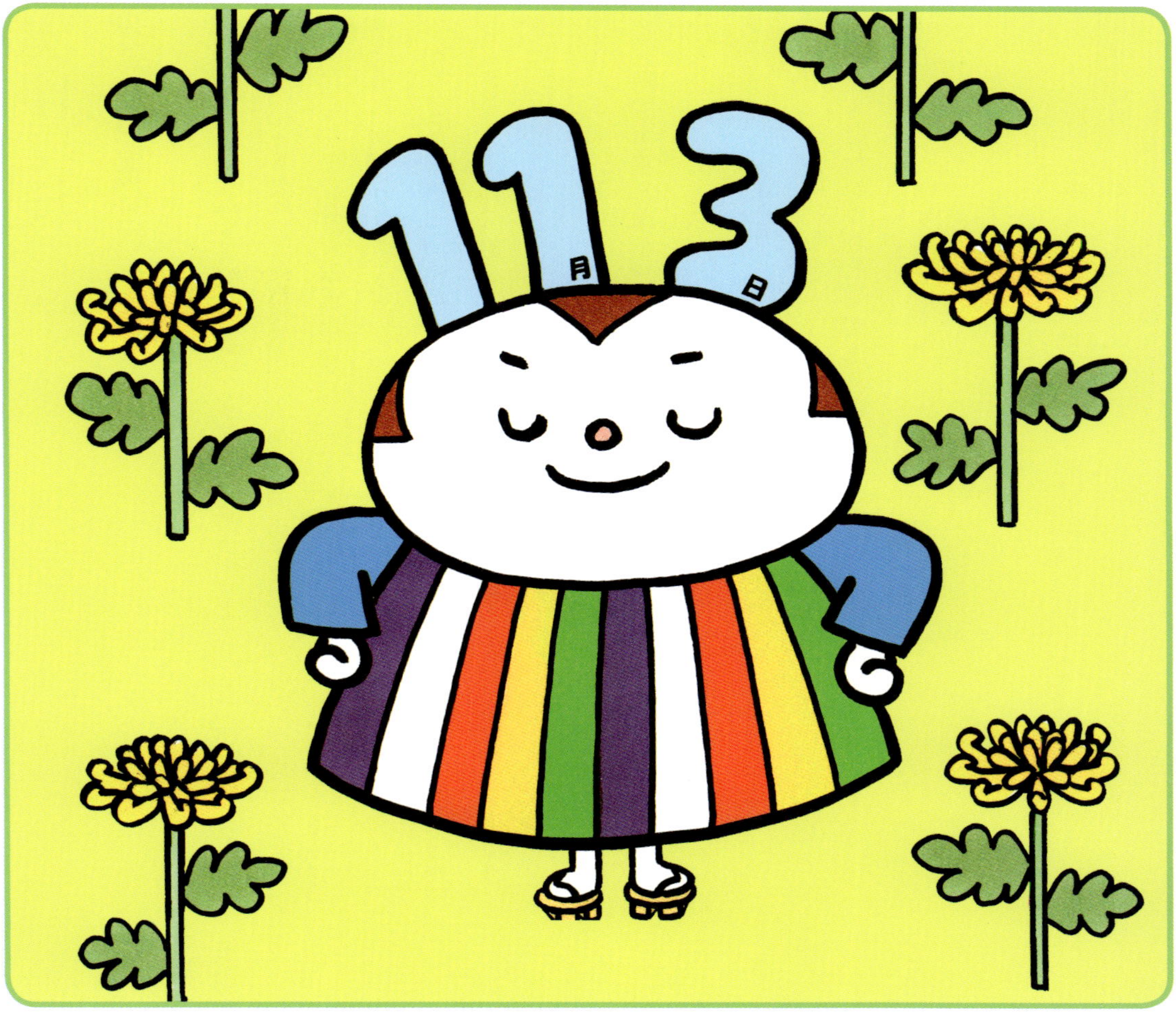

実印《じついん》

自分《じぶん》だけのものだよ

中学校《ちゅうがっこう》の卒業記念《そつぎょうきねん》にハンコをプレゼントする学校《がっこう》って、多《おお》いんだよね。それは認印《みとめいん》さんのほうだけど、人生《じんせい》で初《はじ》めて自分《じぶん》のものが持《も》てるんだから、大人《おとな》になった気分《きぶん》にならない？　親元《おやもと》を離《はな》れるまでは、使《つか》うことはめったにないかもしれないけど、ずっと大事《だいじ》にしてくれるよね。

ハンコは、家《いえ》にいくつもあるでしょ。宅配便《たくはいびん》を受《う》けとるときや、領収書《りょうしゅうしょ》などに押《お》す、ふだん使《づか》いの認印《みとめいん》さんは、文房具店《ぶんぼうぐてん》などでも買《か》えるよ。サインでもいいんだけど、ハンコを押《お》すほうが、安心《あんしん》するでしょ。

おいらは、実印《じついん》という印鑑《いんかん》。家《いえ》や土地《とち》を売《う》ったり買《か》ったり、会社《かいしゃ》をつくったり、相続《そうぞく》するときなどの書類《しょるい》には、おいらがないとだめなんだよ。注文《ちゅうもん》してつくってもらうことが多《おお》いけど、卒業記念《そつぎょうきねん》の認印《みとめいん》さんでも、住《す》んでいるところの役所《やくしょ》に届《とど》けを出《だ》して登録《とうろく》すれば、おいらになれる。盗《ぬす》まれないようにしなきゃね。世界《せかい》を見《み》てみると、ハンコじゃなくてサインをする国《くに》がほとんどさ。でも日本《にほん》はハンコの伝統《でんとう》があるからね、ぼくは消《き》えないと思《おも》うなぁ。

印章《いんしょう》の日《ひ》

・1873（明治《めいじ》6）年《ねん》10月1日《がつついたち》に、明治政府《めいじせいふ》は「署名《しょめい》と実印《じついん》を押《お》す制度《せいど》」を定《さだ》め、以来《いらい》、証書類《しょうしょるい》には、署名《しょめい》のほかに、実印《じついん》を必《かなら》ず押《お》すこととなった。これを記念《きねん》して、印章《いんしょう》業界《ぎょうかい》では10月1日《がつついたち》を「印章《いんしょう》の日《ひ》」としている。

シャチハタとは

・会社自体《かいしゃじたい》の名前《なまえ》ながら、話《はなし》の中《なか》で「シャチハタを押《お》す」などと出《で》てきたりする。朱肉《しゅにく》を使《つか》わないスタンプタイプの印鑑《いんかん》で、大量生産《たいりょうせいさん》。基本的《きほんてき》には、認印以外《みとめいんいがい》には使《つか》えない。

実印
じついん

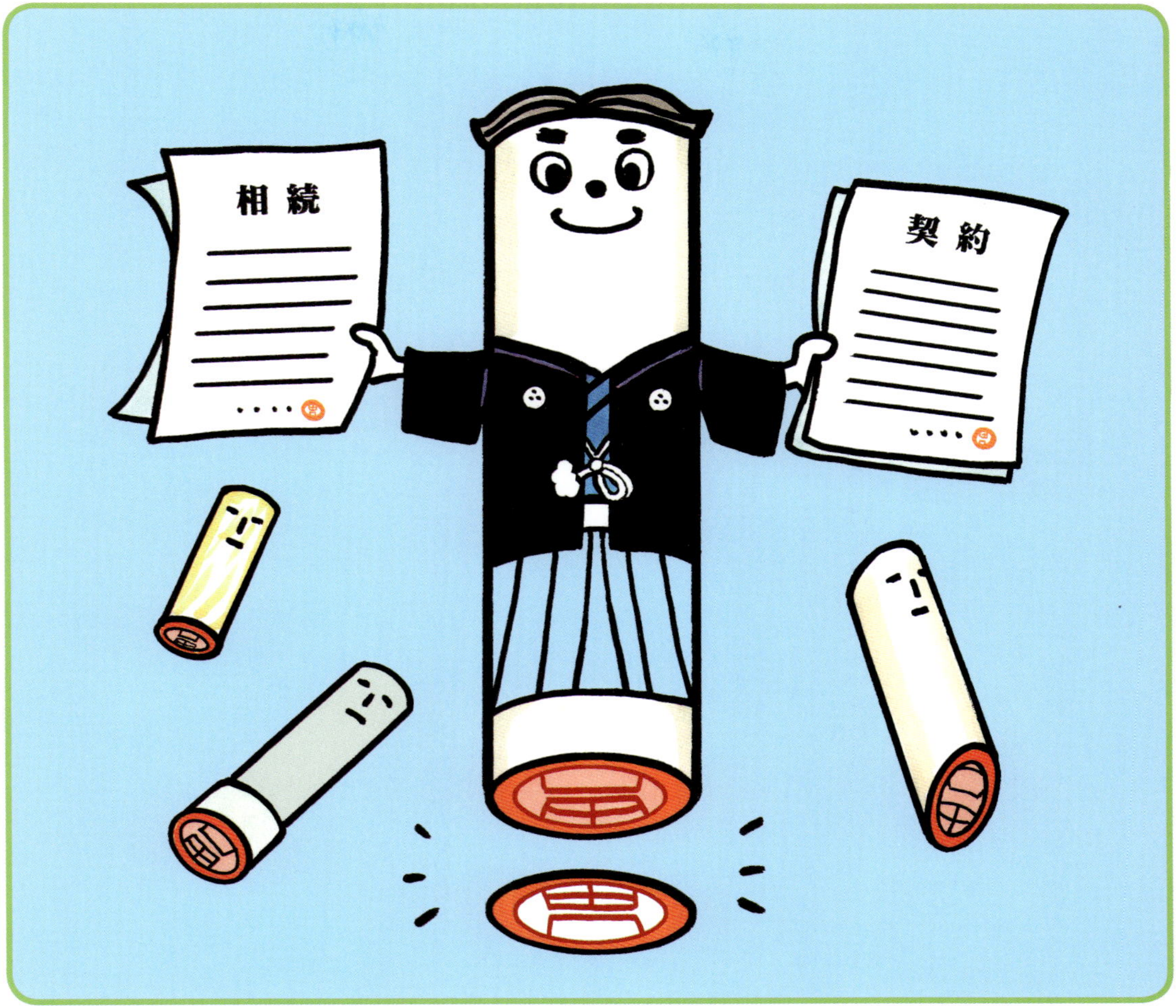

回覧板《かいらんばん》

お伝《つた》えしたいことがありまして

あたしはねえ、歌《うた》にも歌《うた》われたんですよ。

♪とんとんとんからりと隣組《となりぐみ》／格子《こうし》をあければ顔《かお》なじみ／回《まわ》してちょうだい回覧板《かいらんばん》／知《し》らせられたり知《し》らせたり

こんな歌《うた》、知《し》らないでしょうねえ。この世《よ》に生《う》まれたのは1940（昭和《しょうわ》15）年《ねん》ですよ、あなた。日本《にほん》が世界《せかい》を相手《あいて》に戦争《せんそう》の準備《じゅんび》をしているときです。ご近所《きんじょ》の数世帯《すうせたい》を「隣組《となりぐみ》」として組織化《そしきか》して、物資《ぶっし》の配給《はいきゅう》や防空演習《ぼうくうえんしゅう》などの連絡《れんらく》を1軒《けん》1軒《けん》に徹底《てってい》するために登場《とうじょう》したのです。告知板《こくちばん》の形《かたち》でね。

決《き》まりごとをすみずみまで知《し》らせるのが、役目《やくめ》。戦争中《せんそうちゅう》は、戦争《せんそう》に勝《か》てるようにがんばろうとか、節約《せつやく》しようとか、そんなお知《し》らせばかりでしたよ。

そんなあたしでしたが、戦後《せんご》も生《い》き残《のこ》りましてねえ。いまでも、町内会《ちょうないかい》や自治会《じちかい》のお役《やく》に立《た》っているんです。ゴミの回収《かいしゅう》や町内《ちょうない》のいっせい清掃《せいそう》のお知《し》らせ、地域《ちいき》のイベント、赤《あか》い羽根募金《はねぼきん》なんかを各戸《かくこ》に知《し》らせるのは、みんなあたし。

でも、近《ちか》ごろは町内会《ちょうないかい》に入《はい》らない人《ひと》も出《で》てきたりでしてね。そうなると、あたしは行《い》き場《ば》がなくなっちゃうんですよねえ。

♠町《まち》と人《ひと》を結《むす》びます

・回覧板《かいらんばん》の中身《なかみ》には、警察《けいさつ》からのお知《し》らせや学校《がっこう》だより、地域《ちいき》の図書館《としょかん》からの活動案内《かつどうあんない》などが入《はい》ることもある。また、自分《じぶん》とはちがう世代《せだい》がどのような交流《こうりゅう》の場《ば》をもっているかといった、地域《ちいき》のようすを知《し》る一助《いちじょ》にもなっている。

回覧板
かいらんばん

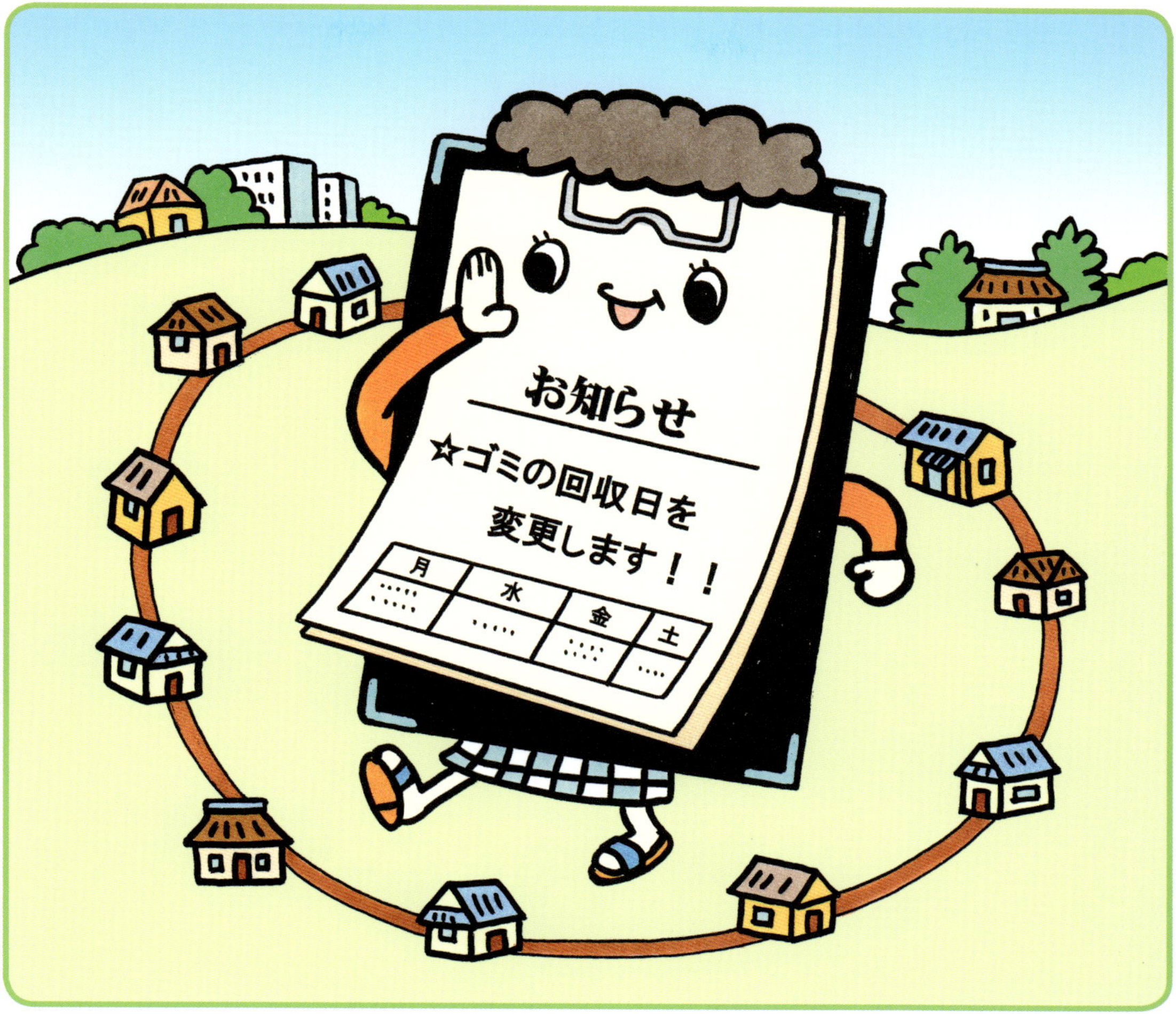

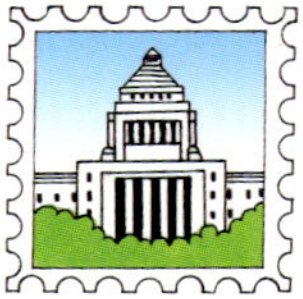

農協《のうきょう》

助《たす》け合《あ》いの伝統《でんとう》が生《い》きた組織《そしき》です

　われわれは農家《のうか》の生活《せいかつ》のすべてに携《たずさ》わっています。その名《な》も「農業協同組《のうぎょうきょうどうくみ》合《あい》」ですからねぇ。農業《のうぎょう》に必要《ひつよう》な種《たね》や機械《きかい》やガソリンなどをまとめて仕入《しい》れて農家《のうか》に販売《はんばい》し、技術《ぎじゅつ》指導《しどう》をしたり必要《ひつよう》な施設《しせつ》を運営《うんえい》し、お金《かね》を貸《か》したり保《ほ》険《けん》を扱《あつか》います。メインは、なんといっても収穫《しゅうかく》した農産物《のうさんぶつ》の販売《はんばい》。

　それは農家《のうか》が自分《じぶん》で売《う》ればいいんじゃないのって？　たしかに、そうしているところもありますがね、収穫作業《しゅうかくさぎょう》というのはそりゃもう、膨大《ぼうだい》な時間《じかん》と手《て》間《ま》がかかるわけですよ。そのうえ、その日《ひ》の収穫物《しゅうかくぶつ》を同《おな》じくらいの大《おお》きさごとに分《わ》けたり、細《こま》かな伝票《でんぴょう》を書《か》き分《わ》けたり、自分《じぶん》のとこだけで何箱《なんばこ》もあちこちに届《とど》けきるなんて、無茶《むちゃ》だと思《おも》いません？

　だからね、一帯《いったい》の農家《のうか》の収穫物《しゅうかくぶつ》をわれわれはドドーンとまとめて、大型機《おおがたき》械《かい》で選別《せんべつ》、箱詰《はこづ》めして、事務的《じむてき》な仕事《しごと》も引《ひ》き受《う》けて、確実《かくじつ》な販売先《はんばいさき》である卸《おろし》売市場《うりしじょう》に出荷《しゅっか》する、っていうことをしてるんですわ。

　農家《のうか》のみなさんには、収穫《しゅうかく》はもちろん、育《そだ》てることや土《つち》づくりに安心《あんしん》して専念《せんねん》してもらって、消費者《しょうひしゃ》のみなさんにはそれをおいしく届《とど》けられるように、われわれの試行錯誤《しこうさくご》も続《つづ》いているわけですよ。

自分《じぶん》の農地《のうち》で生産《せいさん》できる喜《よろこ》び

・戦争終結《せんそうしゅうけつ》ころまで、日本《にほん》の農地《のうち》は長《なが》らく地主《じぬし》の所有《しょゆう》で、小《こ》作人《さくにん》が雇《やと》われていた。それが1946（昭和《しょうわ》21）年《ねん》の農地改革法《のうちかいかくほう》で、国《くに》が農地《のうち》を安《やす》く買《か》い上《あ》げ、その地《ち》で働《はたら》く小《こ》作人《さくにん》に売《う》り、皆《みな》が自分《じぶん》の農地《のうち》を持《も》つことに。農業協同組合法《のうぎょうきょうどうくみあいほう》ができたのは、この翌年《よくとし》。

農協
のうきょう

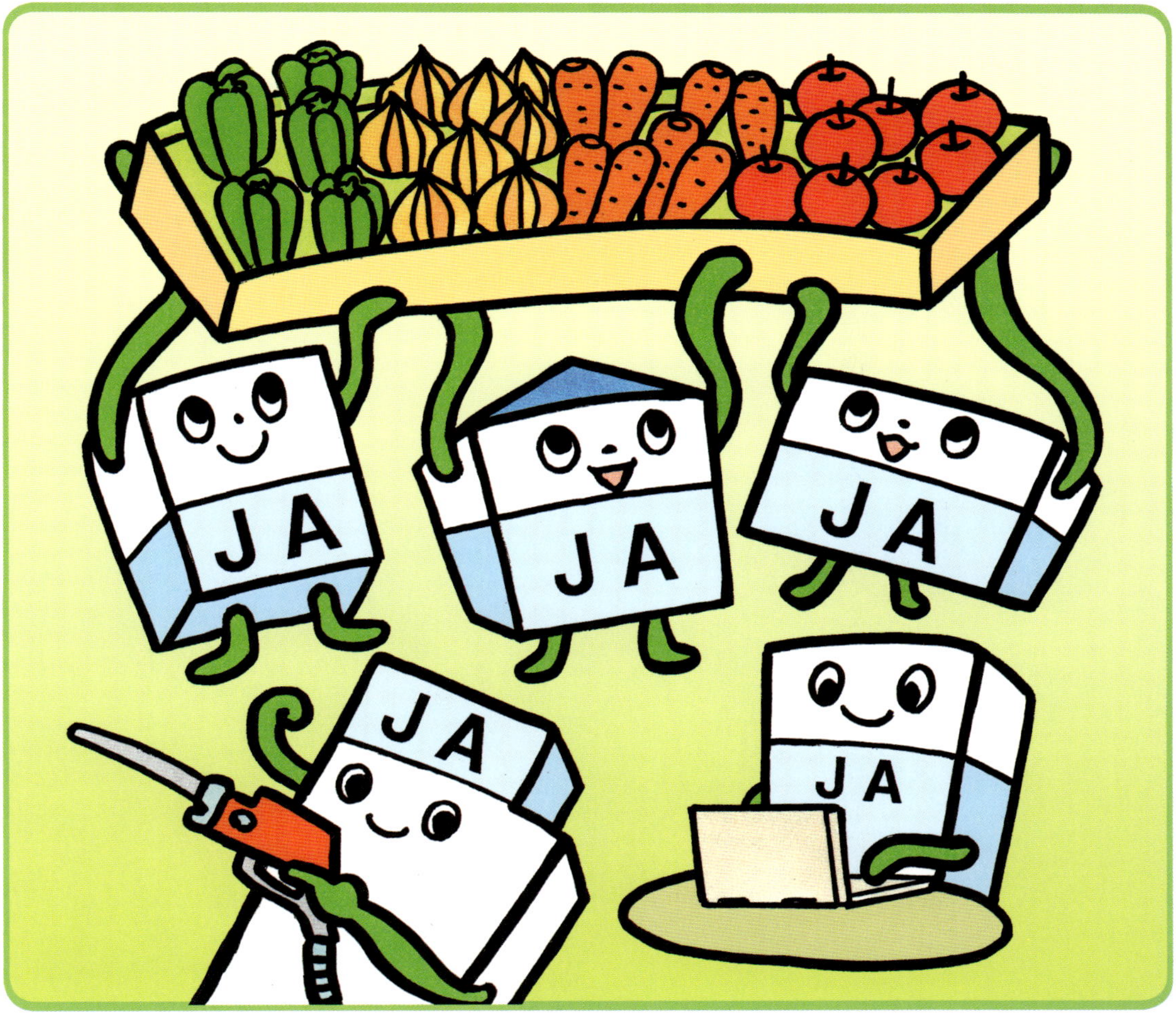

キャラクターランド

シルエットクイズの答《こた》え

●シルエットクイズ1の答《こた》え　①土用三郎《どようさぶろう》　②鬼門《きもん》　③手締《てじ》め　④福引《ふくび》き

●シルエットクイズ2の答《こた》え　①お七夜《しちや》　②厄年《やくどし》　③結納《ゆいのう》　④年忌《ねんき》

●シルエットクイズ3の答《こた》え　①人見女《ひとみおんな》　②人別帳《にんべつちょう》　③出版統制令《しゅっぱんとうせいれい》　④金座《きんざ》

●シルエットクイズ4の答《こた》え　①標準語《ひょうじゅんご》　②国勢調査《こくせいちょうさ》　③文化《ぶんか》の日《ひ》　④実印《じついん》

文──本木洋子　もときようこ

東京生まれ。児童文学作家。熊本県水俣市「みなまた環境絵本大賞」事業コーディネーター。著書に『2015年への伝言・いま地球のこどもたちは』（共著）、『よみがえれ、えりもの森』『大海原の決闘・クジラ対シャチ』など。かつて民俗学研究をしながら各地の市史編纂や民話調査に携わり、現在は日本民俗学会の会員でもある。
http://nomadwriter.blog.fc2.com/

絵──いとうみき

東京生まれ。児童書を中心に活動している。挿画に『まほうのじどうはんばいき』『らくだいおばけがやってきた』、絵本に『ライオンのおとしもの』「パセリのしかけえほんシリーズ」など。町内会の決まり「回覧板は速やかにまわすこと」はきちんと守っている。

装丁：中浜小織（annes studio）
協力：河尻理華

編集・制作：株式会社 本作り空 Sola

日本文化《にほんぶんか》キャラクター図鑑《ずかん》
決《き》まり・ならわし　暮《く》らしのルール!

2015年3月25日　初版第1刷発行

文────本木洋子
絵────いとうみき
発行者────小原芳明
発行所────玉川大学出版部
〒194-8610　東京都町田市玉川学園6-1-1
TEL 042-739-8935　FAX 042-739-8940
http://www.tamagawa.jp/up/
振替：00180-7-26665
編集：森 貴志

印刷・製本──図書印刷株式会社

乱丁・落丁本はお取り替えいたします。

ISBN978-4-472-05948-3　C8039 / NDC380